BIBLIOTECA UNIVERSALE RIZZOLI

Cesare Marchi

IMPARIAMO L'ITALIANO

Biblioteca Universale Rizzoli

ISBN 88-17-11513-4

prima edizione BUR Supersaggi: gennaio 1990

Doverosa precisazione

Dove mettere l'apostrofo o la virgola, qual è il plurale di *goccia* e *grigia*, come non confondere il congiuntivo col condizionale: questi sono alcuni dei cento dubbi e crucci che spesso bloccano, con la penna a mezz'aria e lo sguardo smarrito, chi desidera scrivere in un italiano decente. L'autore di questo libro non è un grammatico né un linguista, bensì un «utente dell'alfabeto» che mette la sua esperienza d'insegnante e di giornalista a disposizione di altri «utenti dell'alfabeto» per un breve viaggio d'istruzione nel continente, per molti ancora inesplorato, dell'italiano. Una lingua che, chi è appena uscito dal tunnel del dialetto, affronta come la prima lingua straniera della sua vita. Va subito detto che le molte regole e le moltissime eccezioni contenute nelle pagine seguenti non vanno considerate con rigore matematico, perché da una parte lo scrivere tiene più dell'arte che della scienza, dall'altra la lingua è una realtà in continuo divenire, dove due più due non sempre fanno quattro. Per addolcire l'arcigna materia, l'autore ha usato uno stile semplice, piano, narrativo. Sostituendo all'antico babau scolastico una grammatica dal volto umano, senza incubi e senza cavilli, egli spera (o s'illude?) di catturare l'attenzione di chi, regole ed eccezioni, non le ha mai studiate, oppure le ha dimenticate. Lo conforta in questo l'opinione del Tasso, che nel primo canto della *Gerusalemme liberata* scrive:

> Sai che là corre il mondo ove più versi
> di sue dolcezze il lusinghier Parnaso,
> e che 'l vero condito in molli versi
> i più schivi allettando ha persuaso.

Così a l'egro fanciul porgiamo aspersi
di soavi licor gli orli del vaso:
succhi amari ingannato intanto ei beve,
e da l'inganno suo vita riceve.

LE BUONE REGOLE

I

Un libro democratico

Per dipingere è indispensabile conoscere i colori; per suonare, le note; per scrivere, le parole. Tavolozza dei nostri pensieri, tastiera delle nostre idee è il dizionario.

«Come avete fatto per imparare a scrivere in questo modo?» domandò Baudelaire a Théophile Gautier.

«Ho studiato molto il vocabolario» rispose Gautier.

La lettura del vocabolario è una delle più eccitanti avventure della fantasia, perché contiene l'universo. Qui ci sono tutti i libri del mondo, passati e futuri. Basta tirarli fuori, ha detto Anatole France. Si può leggerlo e gustarlo ad apertura di libro, non c'è bisogno di arrovellarsi — a che punto ero rimasto? — come accade con i romanzi; nel dizionario ogni parola costituisce una vicenda a sé stante, un romanzo liofilizzato, in tutto decine di migliaia di romanzi perché ogni parola, essendo lo specchio d'una cosa, riflette una storia dell'uomo, una conquista del suo pensiero. Più ancora che alle istorie, conviene esortare gl'italiani al dizionario, scrigno discreto che racchiude, dall'A alla Z, la nostra sterminata ignoranza. Viviamo, giustamente orgogliosi, in un regime di libertà di parola; ma com'è possibile esercitarla, se ne conosciamo così poche? Più parole, più idee, incitava un vecchio slogan. Intendiamoci: non è necessario, né d'altra parte sarebbe umanamente possibile, conoscere a memoria tutto il vocabolario; l'importante è consultarlo con giudizio al momento opportuno, come non serve sapere tutto l'orario ferroviario, basta saperlo leggere quando dobbiamo prendere il treno.

Assieme all'elenco telefonico, è il più democratico dei libri. Nessun culto della personalità. Tutte le parole, poetiche e tecnologiche, umili e dotte, arcaiche e ultramoderne vi figurano in rigoroso ordine alfabetico, accettando come in autobus il posto assegnato dal caso, in pittoresca promiscuità, alluce e allucinante, damigella e damigiana, eremita ed eresia, gulag e gulash, genio e genitali, letame e letizia, coscia e coscienza, eccellenza ed Ecce Homo, anguria e angustia, bar e bara, coma e comare, bovarismo e bovaro, milite ignoto e militesente.

Gabriele d'Annunzio, gran fabbro di neologismi, dedicava giorni a studiare il vocabolario, in particolare l'etimologia, indispensabile non soltanto allo scrittore, ma anche, su un livello più modesto, a coloro che potremmo chiamare genericamente «utenti dell'alfabeto». Per chi scrive (e parla) l'etimologia è utile come al medico la composizione chimica d'un farmaco, e all'esploratore la mappa d'un fiume. Anche le parole hanno infatti una sorgente (etimologia) e un percorso (semantica) il quale, strada facendo nei secoli, si modifica, devia, e talvolta il fiume cambia letto.

A chi l'usa senza conoscerne l'origine, una parola può scoppiare in mano, come una rivoltella maneggiata da un bambino. Per esempio, repubblica democratica popolare, prima ancora che un inganno politico, è una tautologia lessicale, poiché tanto il greco *demos*, da cui deriva democratico, quanto il latino *populus*, da cui deriva popolare, significano popolo. Se uno scrivesse regno monarchico, acqua idraulica, ghiaccio gelato, fuoco igneo, passerebbe per matto. Chi dice repubblica democratica popolare, no.

Se possiedi le parole, possiedi le cose. Meglio se il possesso comincia dalla sorgente, per restare nel paragone fluviale. Uno studente frettoloso credeva che equino ed equinozio derivassero dalla stessa parola latina *equus*, cavallo, e dedusse che l'equinozio è il meritato riposo (ozio) cui ha diritto il cavallo, dopo una lunga galoppata. In materia di etimologia, mai fidarsi dell'orecchio. Meglio tagliarselo. Se salone è l'accrescitivo di sala, ciò non vuol dire che mattone derivi da matto, bottone da botte, burrone da burro. Rubinetto non è un rubino piccolo (anche se Dante lo adopera in tal senso), il brigantino non è un brigante in tenera età, la focaccia non va scambiata per una foca di facili costumi. La nostra lingua è seminata di trabocchetti per gli stranieri che la studiano, figuriamoci per gli italiani, che non la studiano mai.

Le famiglie delle parole assomigliano a quelle degli uomini. Alcune hanno origini illustri, altre hanno perduto il capostipite nella nebbia dei tempi, e c'è sempre la pecora nera che si guasta con le cattive compagnie. Vedi il bandito, imparentato con bandiera, per non parlare della peripatetica, che prima di Cristo era ad Atene un'austera scuola di filosofia, e adesso batte il marciapiede ad Atene e in tutto il mondo. C'è anche chi rinnega il suo passato, la sua religione e passa al nemico, come Jacobin, giacobino. Prima dell'Ottantanove, i giacobini erano i pii fraticelli del convento parigino di San Giacomo (*Jacobus* in latino), ma dopo le riunioni che vi fecero i più accesi rivoluzionari, giacobino passò a significare un ultrà mangiapreti.

Alcune parole emigrano in cerca di fortuna e rientrano dopo molti anni, talvolta secoli, con passaporto straniero, come il blu di Genova, tela azzurra esportata da Genova a Londra, e di là rimpatriata sotto il nome di blue-jeans. L'etimologia svela inopinate affinità tra parole apparentemente estranee fra loro. Il malato agonizzante nel letto e l'atleta impegnato nell'agone derivano dal greco *agonìzesthai*, che vuol dire combattere, lottare, per la vita o per una medaglia non importa. Dalla *bulla* latina, borchia d'oro che i giovani patrizi romani portavano al collo, discende una ramificata famiglia che ha piazzato i suoi rappresentanti un po' dappertutto, in Vaticano (bolla pontificia), nei ministeri (carta bollata), alla Sip (bolletta telefonica), alle poste (francobollo), nella carriera militare (bollettino di guerra) e perfino nel registro dei fallimenti (essere in bolletta).

All'anagrafe del vocabolario risultano parenti stretti il frate nella cella e il detenuto nel cellulare, nonché il conte e il contadino, attraverso contea e contado.

Cosmesi e cosmonauta hanno un nonno in comune, il greco *kòsmos*, ordine. La bellezza è ordine, il cosmo è ordine. Chi desidera conquistare il cosmo si fa cosmonauta; la signora che si accontenta della bellezza ricorre ai cosmetici.

Dalla camera (che può essere alta, ardente, a gas, blindata, del lavoro, dei deputati, di consiglio, caritatis, di commercio) discendono camarilla, camerlengo, camerata, cameriere, cameraman. Dalla corte (che può essere d'appello, d'assise, dei conti, dei miracoli, costituzionale, marziale, suprema) provengono corteo, corteggiamento, cortigiana. È improbabile che oggi un corteo di cortigiane sia ricevuto a corte, anche per la carenza di monarchie; ma se ciò avvenisse, sarebbe una riunione di famiglia.

Come gli uomini, anche le parole subiscono ingiusti rovesci di fortuna. Prendiamo il maestro. Aveva ragione Natalia Ginzburg quando scrisse che bisognerebbe pagarlo più del ministro. Se ostano ragioni contabili, lo esigono quelle etimologiche. Attraverso il latino *magister*, maestro deriva da *magis*, che vuol dire più, di più. Magistrale è la prosa del famoso giornalista, magistrale il gol segnato da Maradona. Quindi maestro è uno che vale di più, che merita maggior considerazione. Al suo confronto, ministro è ben poca cosa, derivando da *minister*, il quale è figlio di *minus*, meno, e la conferma di questa minorazione ce la danno certe prose ministeriali. Ministro era anticamente il servo. Orazio voleva sempre ornato di mirto il *ministrum* che gli versava da bere

> neque te ministrum
> dedecet myrtus neque me sub arta
> vite bibentem

(«il mirto non sconviene né a te che mesci né a me che sotto la folta pergola bevo»). Del resto anche minestra viene da *ministrare*, porgere il cibo in tavola, ragion per cui quando diciamo che il programma del nuovo governo è la solita minestra, ritorniamo etimologicamente alle origini.

Col passar dei secoli, il ministro ha fatto carriera, lasciando il maestro in fondo alla scala statale. Altrettanto dicasi per il caporale. In una repubblica fondata sull'etimologia, dovrebbe il sergente (ex servente) far gli esami per diventar caporale, nel quale anche un sordo avverte l'eco della parola «capo». Caporale era nel Medioevo il capo d'una fazione. Napoleone si fece chiamare caporale di Francia. Dopo la battaglia di Palestro, gli zuavi francesi acclamarono il re Vittorio Emanuele II loro caporale; e Mussolini non esitò a proclamarsi «caporal d'onore» della Milizia volontaria per la sicurezza nazionale.

C'era una volta un lord inglese, accanito giocatore, che per non perdere tempo con il pranzo ordinò al servo di prepararagli un cibo che si potesse consumare senza bisogno di posate e non impegnasse più d'una mano. L'altra gli serviva per giocare. Il servo gli portò un panino imbottito che da quel giorno si chiamò sandwich, dal nome del padrone, John Montagu, quarto conte di Sandwich.

Molto più sudore costò l'immortalità al minatore sovietico Aleksei Grigorevič Stakhanov che nella notte dal 30 al 31 agosto 1935 stabilì un primato (ma la perestrojka di Gorbaciov ha svelato che si tratta d'una invenzione della propaganda staliniana), estraendo in 345 minuti 102 tonnellate di carbone, quattordici volte il quantitativo prescritto per ogni turno di lavoro. Oggi il conte biscazziere e l'inventore dello stakhanovismo coabitano nella gloria del vocabolario. Ma è vera gloria? Quante donne sanno che cardigan è il nome d'un generale inglese? Il passaggio degli eserciti ha sempre lasciato, nella moda femminile, solchi non meno profondi di quelli lasciati nei canapè dagli ufficiali di guarnigione. Il cappotto con le spalle rotonde, alla raglan, deve il nome a lord James Raglan, comandante inglese alla guerra di Crimea; e il montgomery, decorato di capricciosi alamari, propagò fino alle più remote boutiques la fama del maresciallo Bernard Montgomery, eroe della seconda guerra mondiale. Le guerre impoveriscono i popoli, ma arricchiscono il vocabolario. La maionese è nata per ricordare l'assedio posto dal duca di Richelieu alla cittadella di Mahon. Il brindisi deriva dal saluto dei lanzichenecchi ubriaconi, quando alzavano il bicchiere: *bring dir's*, lo porto a te, lo levo per te (il bicchiere).

Continuiamo a sfogliare. Fegato deriva dal latino *ficatum*, perché i romani ingrassavano le oche con i fichi. Il finocchio, nel senso di ortaggio, nasce dal latino *feniculum*. Nell'altro senso, il Panzini spiega la trasformazione semantica col fatto che «il finocchio è tutto "buco"» ma la tesi è controversa. Una cosa è fuori discussione: la finocchiona, in ogni caso, non è una lesbica.

Galante e galantuomo nascono dalla stessa matrice, anche se un uomo galante raramente si comporta, con una donna, da galantuomo. Accanto a epitaffio (iscrizione tombale) troviamo epitalamio (poesia per nozze), quasi a confermare che il matrimonio è la tomba dell'amore. Nella sua apparentemente cieca assegnazione dei posti, il dizionario esercita una funzione giustiziera, esaltando gli umili e abbassando i superbi. Accanto alla misera cavia, colloca il raffinato caviale. Anche il signore è finito maluccio. Un tempo era titolo di possesso, di dominio politico (i Visconti signori di Milano, i Gonzaga signori di Mantova); adesso, per umiliare qualcuno, gli si dà del signore («Lei, signore, con chi si crede di parlare?»). E Caio Ottaviano Augusto si rimescolerà nella tomba apprendendo che Augusto è anche il nome d'un clown, quello che indossa una marsina larghissima, ha il naso rosso a palla, ciuffo sulla fronte e appena entra nella pista del circo fa ridere tutti.

II

Il tema di Pierino

Pierino sta facendo il compito. Deve riassumere un racconto, ambientato in Estremo Oriente, che parla delle imprese guerresche d'un dàimio.

«Mamma, che cos'è il dàimio?»

«Sarà daino, avrai letto male.»

«No, qui c'è scritto dàimio, dà-i-mi-o.»

«Non saprei. Guarda sul vocabolario.»

Così Pierino viene a sapere che il dàimio era un personaggio dell'antica nobiltà giapponese, un feudatario. Poi incontra camàuro e rèdola, e sempre con l'aiuto del gran libro apprende che l'uno è il berretto di velluto rosso che ricopre testa e orecchi del papa, l'altro è il vialetto di ghiaia minutissima che troviamo nei giardini. Ma il dizionario non serve esclusivamente a questo. Esso non è soltanto un interprete che fa luce dove c'è buio, un banchiere che cambia i pezzi di grosso taglio con moneta spicciola: è anche, e soprattutto, uno stimolatore di idee, un suggeritore di pensieri, un pronubo di associazioni mentali tramite la nomenclatura, i sinonimi, i modi di dire che accompagnano ogni voce.

Prendiamo la parola casa. Tutti hanno, in affitto o in proprietà, una casa. Ma la precisione del linguaggio (e la dichiarazione dei redditi) vogliono che si specifichi di che casa si tratta: tugurio, abituro, stamberga, baracca, topaia, catapecchia, bicocca, casolare, villa, villino, attico pentacamere tripli servizi, palazzina, palazzo, residence, castello, maniero, magione, torre, grand hotel.

La casa può essere: angusta, arieggiata, grandiosa, inospitale, accogliente, tetra, umida, soleggiata, modesta, sontuosa, splendida, rustica, solida, cadente, padronale, signorile, popolare, ecc.

Qualche verbo che ruota attorno al concetto di casa: abitare, alloggiare, sfrattare, ammobiliare, affittare, spazzare, sgomberare, governare, subaffittare, traslocare, sopraelevare, rinfrescare, tinteggiare, demolire, restaurare, puntellare, imbrattare, ipotecare.

La casa è composta di camere. Che cosa c'è nella camera? Il letto, il comodino, il comò, l'armadio, l'attaccapanni, ecc. Il letto, a sua volta, può essere: a una piazza, matrimoniale, di ferro, di ottone, di legno, antico, moderno, sfatto, rifatto, duro, soffice, con baldacchino, senza baldacchino. Come nel gioco delle scatole cinesi, ogni concetto è contenuto in un altro maggiore e a sua volta ne contiene uno minore. Il dizionario è il grimaldello che ce li apre e ce li distende sotto gli occhi, nella loro concatenata e articolata varietà, affinché possiamo scegliere il termine più adatto a ciò che vogliamo dire, che vorremmo dire, ma spesso non ci viene la parola giusta. Quante volte l'abbiamo sulla punta della lingua e non vuole staccarsene! Ebbene il vocabolario svolge questa mirabile funzione di ostetrica che porta alla luce le idee e le battezza, imponendo loro un nome. Grazie ad esso, le idee-parole che dormivano, informi e inconsce, nei labirinti del nostro cervello balzano fuori, vive e vitali, come Minerva dalla testa di Giove.

I modi di dire, i proverbi accendono un gioco pirotecnico di associazioni mentali utilissime per dare colore e calore all'espressione. Alla voce *pane* troviamo che l'uomo schietto dice pane al pane, il generoso si toglie il pane dai denti, il vendicativo rende pan per focaccia, il fannullone mangia il pane a tradimento, l'insegnante spezza il pane della scienza, dà dieci in condotta all'alunno buono come il pane, e non crede alla riforma della scuola, perché se non è zuppa è pan bagnato.

Anche il vino, l'altro alimento primordiale dell'umanità, suscita, in chi consulta il vocabolario, fosse anche l'astemio più incallito, immagini dense di sapienza gnomica e vigore rappresentativo. La botte dà il vino che ha. Dare un colpo al cerchio, uno alla botte. Volere la botte piena e la moglie ubriaca. Il buon vino fa buon sangue. Nel suo piccolo, il vocabolario funge anche da enciclopedia. Che cosa si legge alla voce *cavallo*? «Mammifero domestico degli equidi, erbivoro, con collo eretto, ornato di criniera.»

Adesso cerchiamo *mammifero*: «Chi è dotato di ghiandole mammarie per l'allattamento dei piccoli.»

Cerchiamo *domestico*: «appartenente alla casa», «di animale che serve all'uomo senza bisogno d'essere addomesticato», «persona che vive in una famiglia esercitando qualche ufficio. Servitore». Di questi significati, va immediatamente scartato l'ultimo.

Cerchiamo *equidi*: «Mammiferi dell'ordine dei perissodattili, che comprende i cavalli, gli asini, le zebre ecc.».

Cerchiamo *perissodattili*: «Sottordine dei mammiferi ungulati, comprendente le specie che posseggono un numero dispari di dita».

Cerchiamo *ungulati*: «Mammiferi con grandi e solide unghie che ricoprono come un astuccio le falangi delle dita».

E così via. Rimbalzando dall'universale al particolare, dal generico allo specifico, la nostra ricerca arriva, un passo alla volta, alla conoscenza globale e scientifica, sebbene sommaria, dell'animale chiamato cavallo.

«Mamma,» domanda adesso Pierino «come si dice quando uno è avaro?»

«Si dice avaro.»

«Grazie tante. Vorrei un'altra parola.»

«Avaro non ti va bene?»

«L'ho adoperata nella riga precedente. Il professore non vuole ripetizioni.»

«Puoi dire taccagno.»

«Non posso adoperarlo, mi risulterebbe la frase "Luigi aveva un compagno taccagno" e il professore ci raccomanda sempre di evitare la rima. Dice che è cosa riservata ai poeti.»

«Non saprei che cosa dirti. Cerca sul vocabolario, quello dei sinonimi.»

Così Pierino trova, accanto ad avaro e taccagno, tirchio, spilorcio, pitocco, gretto, sparagnino, sordido, arpia. I sinonimi sono parole di significato affine, ma con sfumature differenti. Un umorista ha scritto che, quando si ignora l'ortografia d'una parola, si ricorre al sinonimo. Fuori di scherzo, sinonimi in senso assoluto, pienamente equivalenti e intercambiabili, non esistono. Per esempio, tra bianco e candido, il secondo offre un più vasto campo d'impiego. Se le lenzuola possono essere indifferentemente bianche e candide, di un'anima candida non potremo dire, indifferentemente, ch'è un'anima bianca. Aereo è più esteso di jet, poiché tutti i jet sono aerei, ma non tutti gli aerei sono jet.

Oltre che per l'estensione del significato, i sinonimi si differenziano per l'intensità, la gradazione. Nella «famiglia del dolore», rammarico è più forte di disappunto, dispiacere più forte di rammarico, dolore più forte di dispiacere, sofferenza più forte di dolore, strazio più forte di sofferenza. L'orecchio esercitato sulle buone letture, e la non mai abbastanza auspicata verifica etimologica ci aiuteranno a scegliere nel mazzo dei sinonimi che, in certi casi, è addirittura una serra.

Per restare nella «famiglia del dolore», il Palazzi schiera in ordine alfabetico:

accoramento, affanno, afflizione, agonia, amarezza, ambascia, angoscia, angustia, ansietà, bruciore, compunzione, contrizione, contristamento, cordoglio, corruccio, croce, cruccio, crepacuore, delusione, dannazione, desolazione, disperazione, dispiacere, disgusto, doglia, duolo, esulcerazione, ferita, inquietudine, laceramento, lacerazione, lutto, malinconia, martirio, mestizia, oppressione, passione, patema, patimento, pena, premura, piaga, pianto, rammarico, rodimento, rimescolio, spina, squarcio, sofferenza, schianto, spasimo, stilettata, strazio, struggimento, supplizio, tormento, tortura, trafitta, trambasciamento, travaglio, tribolazione, tristezza, turbamento.

Come si vede, c'è da scegliere. Poi succede come nei negozi che espongono troppe cravatte. Dopo un quarto d'ora d'incertezza, il cliente sceglie quella sbagliata. Però la colpa non è del negoziante. Al medico, se abbiamo un dolore al fianco, diciamo: ho un dolore qui. Nient'altro. Se conoscessimo la serie degli aggettivi solidali con la «famiglia del dolore», specificheremmo, non per vanità letteraria, ma per aiutare il medico nella diagnosi, se il dolore è lieve, debole, intermittente, fisso, vagante, sopportabile, insopportabile, acuto, pungente, lacerante, lancinante, spasmodico, straziante. Vedete dunque che una corretta conoscenza delle sfumature linguistiche giova anche nel curare le malattie.

Facciamo un'incursione nel campo opposto.

«Ho appreso con gioia che tuo figlio si è laureato. Congratulazioni vivissime» si scrive all'amico che ha il figlio neodottore. L'abitudine alle frasi fatte, la fretta tiranna dei nostri giorni affannati congiunta, ironico connubio, alla pigrizia mentale, c'impedisce di personalizzare il messaggio. Vogliamo l'auto personalizzata, il personal computer, abiti e camicie firmati, mentre nella comunicazione col prossimo ci abbandoniamo alla più sciatta ciabatteria, ci accontentiamo di frasi fabbricate in serie, acquistate al supermercato dei luoghi comuni, logorate dall'uso. Eppure basterebbe consultare il dizionario e, con un po' di pazienza, scegliere. Gioia presenta i seguenti sinonimi: consolazione, conforto, diletto, dolcezza, giòlito, contentezza, godimento, ilarità, festività, festa, gaiezza, giocondità, piacere, letizia, contento, allegrezza, gaudio, giubilo, esultanza, esultazione, tripudio. Sono 22 voci contro le 64 della precedente «famiglia». Il dolore batte la gioia 64 a 22. Anche in questo, il vocabolario rispecchia la realtà.

III

La virgola che uccide

La poesia moderna tende a sopprimere i segni d'interpunzione. Taluni sono scomparsi anche dalla prosa. Per esempio, il punto esclamativo. Fu Ugo Ojetti, pontefice delle lettere fra le due guerre, a lanciargli l'anatema con una famosa pagina in *Cose viste*:

Odio il punto esclamativo, questo gran pennacchio su una testa tanto piccola, questa spada di Damocle sospesa su una pulce, questo gran spiedo per un passero, questo palo per impalare il buon senso, questo stuzzicadenti pel trastullo di bocche vuote, questo punteruolo da ciabattini, questa siringa da morfinomani, quest'asta della bestemmia, questo pugnalettaccio dell'enfasi, questa daga dell'iperbole, quest'alabarda della retorica. Quando, come s'usa nei nostri tempi scamiciati, ne vedo due o tre in fila sul finir d'un periodo, che sembrano gli stecchi sul didietro d'un'oca spennata, chiudo il libro perché lo sento bugiardo. Adesso v'è anche chi te l'accoppia all'interrogativo, che par di vedere Arlecchino appoggiato a Pulcinella. Tanto odio questa romantica lacrimuccia nera quando la vedo sgocciolare sulla povera candida pagina, che in essa m'immagino di scoprire or la causa or l'effetto, certo il chiaro simbolo di tutti i mali delle nostre lettere, arti e costumi. E se potessi far leggi, bandirei il punto esclamativo dalla calligrafia, dalle tipografie, dalle macchine da scrivere, dall'alfabeto Morse, con la speranza che a non vederlo più gl'italiani se ne dimenticassero anche nel parlare e nel pensare, e pian piano espellessero dal loro sangue questo microbio aguzzo il quale dove arriva fa imputridire i cervelli e la ragione e rimbambisce gli adulti, acceca i veggenti, instupidisce i savi, indiavola i santi.

Scomunicato il gonfio e tronfio punto esclamativo nel quale le nostre candide nonne, premendo fino a spalancarle, scaricavano lungo le punte del pennino fiotti d'inchiostro e di passione, ci resta il neutrale, asettico punto fermo. Però nel 1964 Giuseppe Berto dimostrò, con *Il male oscuro*, che si poteva scrivere un ottimo romanzo pur con una scarsissima dotazione di punti fermi: nelle prime 58 righe ce ne sono soltanto due. Dall'uso corrente sono stati eliminati i puntini di sospensione, accusati di provincialismo, di reticenza e di promesse non mantenute, come succede quando preannunciano una battuta umoristica, e par quasi dicano: adesso preparatevi a ridere, e arriva una battuta triste come un due novembre.

Anche le virgolette tendono a scomparire, e il « discorso diretto » viene incorporato nel contesto, senza segni distintivi (il figlio disse al padre non m'importa di ciò che pensi e se ne andò). E la virgola, gode buona salute? Una volta per elogiare un quadro, uno scritto, una qualsiasi opera dell'ingegno umano, si diceva che era un lavoro fatto con tutte le virgole, sulle orme del Leopardi che scrisse: « Io per me, sapendo che la chiarezza è il primo debito dello scrittore, non ho mai lodata l'avarizia de' segni, e vedo che spesse volte una sola virgola ben messa, dà luce a tutto il periodo ».

Del tutto opposta l'opinione del futurista Filippo Tommaso Marinetti, che nel suo furore iconoclasta contro il passato vagheggiava un mondo senza Vittoria di Samotracia, senza chiaro di luna veneziano, e senza punteggiatura. E nell'*Aeropoema del golfo della Spezia* scriveva in totale apnea:

Ti riconosco Voluttà dissolvente carezza agonia di lugubri delizie eccitatrice della terra sangue risucchi di baci lagrime desiderio orrore che le ciglia filtrano nell'amore ti riconosco a patto che tu chiarisca qui sotto questo vermiglio raggio appuntito che fa del tramonto un immenso microscopio la mia strapotente immortalità.

Tra i due, meglio attenersi al Leopardi, come non fece quel negoziante, più confusionario che futurista, che espose il cartello: « Qui si vendono impermeabili per bambini di gomma ». Per evitare dubbi sulla consistenza muscolare dei piccoli clienti, bastava inserire una virgola: «Qui si vendono impermeabili per bambini, di gomma», o meglio ancora: «Impermeabili di gomma per bambini» (ci viene in mente un altro cartello: «Facciamo guanti con la pelle dei clienti», e un altro ancora: «Letti per sposi in ottone»).

La virgola, etimologicamente «piccola verga», è un esile ma indispensabile paletto che sorregge il filo del discorso, e pausa benedetta per il nostro respiro. Rappresenta la pausa più breve, qualche decimo di secondo; la pausa più lunga è affidata al punto fermo; al punto e virgola, una pausa intermedia. La virgola è d'obbligo nei vocativi:

Mario, che cosa hai fatto?

al principio e alla fine d'un inciso, di un'apposizione, di espressioni parentetiche, che si possono chiudere tra parentesi e togliere dal contesto, senza danneggiarne il senso compiuto:

Marconi, genio italico, inventò il radiotelegrafo.
Cesare, varcato il Rubicone, marciò verso Roma.

La virgola si usa anche nelle elencazioni:

Al mercato ho comprato mele, pere, arance, prugne

accostando i vari membri per asindeto (mancanza di legami).
L'esempio più illustre di asindeto l'ha scritto Giulio Cesare:

Veni vidi vici.

Abbiamo invece il polisindeto (pluralità di legami) quando ad ogni membro viene premessa una congiunzione:

Gli diede *e* da mangiare *e* da bere *e* da dormire.
O vieni *o* scrivi *o* telefoni.

La virgola ha un'importanza inversamente proporzionale alla sua mole. Un greco emigrato nell'Ohio — riferiscono i giornali — depositò in una banca i suoi risparmi che, grattate tutte le sue tasche, ammontavano a 774,50 dollari, poco più di un milione di lire italiane. Quando andò a fare un prelievo si accorse che il computer gli aveva erroneamente accreditato 774.500 dollari, oltre un miliardo di lire. Reprimendo a stento la gioia, chiuse immediatamente il conto, ritirò la somma fino all'ultimo centesimo, fece un bel sorriso al direttore e sparì dalla circolazione.

Per una virgola sbagliata, c'è chi invece ci ha rimesso la pelle. Anni addietro, nel paese di Rio Bianco (Bolzano) un medico ordinò a una donna 1,5 pastiglie di tranquillante, tre volte al giorno. Ma la virgola sulla ricetta era scritta male, lei lesse 15 pastiglie per tre volte al giorno e in breve morì, per eccesso di farmaci.

Al contrario, qualcuno alla virgola dovette la vita. Presentando al suo re la domanda di grazia d'un condannato a morte, il ministro di giustizia vi aggiunse la postilla: «Grazia impossibile, fucilarlo». Ma il sovrano, clemente, presa la penna cancellò la virgola del ministro e ne aggiunse una sua, dopo la prima parola, sicché risultò la frase: «Grazia, impossibile fucilarlo».

Pari a quello delle virgole è il potere demiurgico degli accenti. «La donna è mobile / qual piuma al vento / muta d'accento / e di pensiero» canta il duca di Mantova, nel *Rigoletto*. Anche la parola è donna, volubile al punto che, pure serbando immutata la struttura alfabetica, muta «di pensiero» non appena muta «d'accento».

àltero (verbo) altero (agg.)
àncora (sost.) ancora (avv.)
àmbito (sost.) ambito (part.)
attàcchino (verbo) attacchino (sost.)
bàcino (verbo) bacino (sost.)
bràmino (verbo) bramino (sost.)

càmpano (verbo) campano (agg.)
càpito (pres. indic.) capito (part.)
circùito (sost.) circuito (part.)
cómpito (sost.) compito (agg.)
condòmini (propriet. del condominio) condomini (pl. di condominio)
dècade (sost.) decade (verbo)
desìderi (verbo) desideri (sost.)
diménticati (imperativo) dimenticati (part.)
esàmino (verbo) esamino (sost. diminutivo)
ètere (aria) etere (cortigiane)
férmati (imperativo) fermati (part.)
ìmpari (agg.) impari (verbo)
ìndice (sost.) indice (verbo)
ìntimo (agg.) intimo (verbo)
intùito (sost.) intuito (part.)
ìsolano (verbo) isolano (agg.)
méndico (verbo) mendico (sost.)
nèttare (sost.) nettare (verbo)
òccupati (imperat.) occupati (partic.)
pàgano (verbo) pagano (sost.)
pèrdono (verbo) perdono (sost. e anche verbo)
perséguito (verbo) perseguito (partic.)
pòrtale (imperat.) portale (sost.)
prèdica (sost.) predica (verbo)
pròtesi (sost.) protesi (part.)
pròvino (verbo) provino (sost.)
rasségnati (imperat.) rassegnati (part.)
regìa (sost.) regia (agg.)
rùbino (verbo) rubino (sost.)
scrìvano (verbo) scrivano (sost.)
sùbito (avv.) subito (partic.)
tèndine (sost. sing.) tendine (sost. pl.)
tùrbina (verbo) turbina (sost.)
venèfici (agg.) venefici (sost.)
vìola (verbo) viola (sost.)
vìolino (verbo) violino (sost.)
vólano (verbo) volano (sost.)

C'è addirittura una parola con tre possibilità di accentazione:

> Mancando il *capitano*, il tenente *capitanò* l'assalto: cose che *càpitano*.

Le grammatiche chiamano queste parole omografi, perché scritte nella stessa maniera, e quando v'è rischio di confusione, s'impone di rigore l'accento. Tra la parola piana (accento sulla penultima) e la sdrucciola (accento sulla terzultima) generalmente si opta per l'accento sulla sdrucciola:

> Non è *ancora* il momento di levar l'*àncora*.

Per lo stesso timore dell'ambiguità si accentano i monosillabi *sé* (pronome), *sì* (avverbio), *dà* (verbo), *dì* (nome), *né* (congiunzione), *lì*, *là* (avverbi), *tè* (nome), così non si confonderanno con *se* (congiunzione), *si* (pronome), *da* e *di* (preposizioni), *ne* e *li* (pronomi), *la* (articolo), *te* (pronome):

Sono lieto *se* Mario fa tutto da *sé*. Verrò da *te* a prendere un *tè*. Luigi mi *dà* il sapone *da* barba. *Né* il babbo *né* la mamma me *ne* avevano mai parlato. *Si* parte? *Sì*.

Alcuni vocaboli richiedono un'attenzione ancora maggiore, perché il loro significato non dipende dalla collocazione dell'accento (*prìncipi* e *princìpi*), bensì dalla sua natura: grave o acuto. A questo punto occorre sfatare una leggenda, che le vocali siano cinque: *a, e, i, o, u*. Nossignori, sono sette: *a, é* (accento acuto), *è* (accento grave), *i, ó* (accento acuto), *ò* (accento grave), *u*. La *e* e la *o* con l'accento acuto si pronunciano chiuse; con l'accento grave si pronunciano aperte. *Accétta* è una scure; *accètta* è la terza persona singolare del presente indicativo del verbo *accettare*. *Bótte* (recipiente) ha la vocale tonica stretta, le *bòtte* (percosse) l'hanno larga:

> Il garzone ruppe la *bótte* e il padrone lo riempì di *bòtte*.

Se dalla nave cade in acqua un *mòzzo*, non si gridi: «Un uomo in mare», trattandosi del perno d'una ruota di bicicletta. L'allarme si dà solo se cade un *mózzo*, un marinaio. Il ministro delle finanze decide di ritoccare le *impòste*? Tiriamo un respiro di sollievo, vuol dire che ridipingerà le finestre di casa sua. Se avesse alluso alle tasse, avrebbe detto *impóste*. (Distinzione sostenuta dal Palazzi. Gli altri dizionari registrano *impòste*, con l'accento grave, per entrambi i significati.)

Se la casalinga desidera comprare una bella sogliola, vada al mercato della *pésca*, perché a quello della *pèsca* troverà solo della frutta magari ottima, che però non va d'accordo con la maionese. Si racconta (ma forse è una barzelletta) che durante una campagna africana un nostro comandante fece una magra figura, per non aver colto la differenza fra un accento acuto e uno grave. Visto che i suoi ufficiali esitavano ad eseguire gli ordini, gridò: «Che cosa aspettate ad attaccare?». «Signor colonnello, ci sono i monsoni» risposero, irrigidendosi sull'attenti. «Monsoni o non monsoni, il mio reggimento non ha paura di nulla.» «Ma sono vènti!» «Fossero anche cento, noi andremo all'assalto.»

Attenti perciò a non confondere:

> collèga (nome) colléga (verbo)
> còppa (bicchiere) cóppa (insaccato)
> fòro (piazza) fóro (buco)
> lègge (verbo) légge (decreto)
> pèste (malattia) péste (orme)
> pòrci (maiali) pórci (porre noi stessi)
> scòpo (fine) scópo (verbo)
> vòlgo (verbo) vólgo (popolo).

Le parole si dividono in:

tronche, con l'accento sull'ultima sillaba: virtù, bontà;
piane, con l'accento sulla penultima: amore, fratelli;
sdrucciole, con l'accento sulla terzultima: tavola, libero;

bisdrucciole, con l'accento sulla quartultima: meritano, scivolano; *trisdrucciole*, con l'accento sulla quintultima: liberamelo.

È obbligatorio scrivere l'accento sulle tronche, e sui monosillabi *sì, sé, né* ecc. che abbiamo già visto, per distinguerli dagli omografi *si, se*, ecc.

Rifiutano l'accento:

qui, qua, so, sa, sto, sta, va, tre (però, nei composti, si scrive *ventitré, trentatré*).

Sull'accentazione di *se stesso*, dove il rischio di confusione con la congiunzione *se* è fugato dalla presenza dell'aggettivo *stesso*, i vocabolari, non è una novità, discordano.

Il Palazzi consiglia: *sé* stesso
Il Devoto-Oli: *se* stesso
Lo Zingarelli: *sé* stesso
Il Migliorini: *sé* stesso, però ammette che taluni usano *se* stesso
Il Garzanti: *sé* stesso e *se* stesso.

Poiché siamo in tema di accenti, non sarà male ricordare che si dice gómena, non gomèna; gratùito, non gratuìto; Frìuli, non Friùli. Così chi desidera una retta pronuncia, dovendo affrontare i seguenti vocaboli maltrattati dall'uso ciabattone, restituirà loro il giusto accento e dirà:

acrocòro, adùlo, àlacre, anòdino, arterioscleròsi, callìfugo, cesàreo, congrèga, cosmopolìta, dàrsena, dissuadére, edìle, edùle, infingardìa, insalùbre, ippòdromo, leccornìa, medìceo, mollìca, protòtipo, salùbre, scandinàvo, surrògo, svalùto, utensìle, valùto, zaffìro.

La Rai, a questo riguardo, porta non lievi responsabilità. A parte madornali errori concettuali, come il Cervino spostato dal confine italo-elvetico a quello italo-austriaco; a parte l'armistizio dell'8 settembre 1943 firmato, secondo un annunciatore anglofilo, a Chéssibol (che è la pronuncia inglese di Cassibile, provincia di Siracusa), abbiamo sentito il baùle trasformato in bàule, con uno sforzo di pronuncia non inferiore a quello fatto dai facchini per sollevarlo. Gli isòtopi si sono mutati in isotòpi (così faranno i conti con gli isogatti), gli archètipi in archetìpi, il lago d'Álleghe in quello d'Allèghe, il passo del Falzàrego, immortalato da Bartali e Coppi, in Falzarègo; e lo ieratico «non pòssumus» pontificio in un banale, quasi dialettale «non possùmus». Va bene che il latino è una lingua morta, ma i defunti hanno diritto almeno al rispetto. Un personaggio di Fogazzaro guarì dell'amore di una signorina appena la sentì dire pollìne invece di pòlline. Vivesse oggi, disdirebbe l'abbonamento alla Rai.

Virgole, virgolette, accenti, apostrofi: sono brevissimi tratti di penna, minuscoli segni che fanno parte integrante dell'ortografia (etimologicamente, «corretta grafia») trascurata non soltanto da scolari svogliati, ma anche da docenti di avanguardia che bollarono come repressivo e reazionario il rispettarne le regole. Così in molte scuole si buttò all'aria la grammatica, in nome della libertà d'espressione. Non si assegnarono più compiti scritti, si preferì il colloquio, dimenticando che la lingua scritta è un poderoso strumento di formazione mentale, una maieutica del pensiero che per dare il meglio di sé, per covare le sue meditazioni e intuizioni, abbisogna non d'una superficiale conversazione improvvisatrice, bensì di silenzio e raccoglimento: carta penna e calamaio, e una lampada da tavolo.

Si preferì, dicevamo, la comunicazione orale in linea con i gusti e gli orientamenti d'una società sempre più condizionata, e stordita tramite i mass media, dal parlato e dalle immagini. Un po' alla volta, come i muscoli d'un corridore condannato alla carrozzella, la capacità di scrivere si è atrofizzata, la lettera è stata sostituita dalla telefonata, le aziende comunicano per telex. Se il Sette e Ottocento ci hanno dato addirittura dei romanzi in forma epistolare, è molto improbabile che un nuovo Ugo Foscolo scriva in futuro le *Ultime telefonate di Jacopo Ortis*. I fidanzati non si scrivono più, stanno ore al telefono, apparecchio più rapido e meno compromettente, perché ti consente di dire alla ragazza: «Ti amo con tutto il quore» e lei non s'accorge che l'hai pensato con la q.

Il bombardamento d'immagini che ci assedia da ogni televisore domestico, da ogni schermo cinematografico, da ogni cartellone pubblicitario ha sottratto spazio alla parola, e il poco rimasto è stato accaparrato dalla parola parlata. La sua invadenza ha diffuso la pericolosa convinzione che, per scrivere correttamente, basti scrivere come si parla. Gli analfabeti di ritorno credono che sia sufficiente far corrispondere, allo stesso suono linguistico, la stessa resa grafica, così confondono *ho* (verbo) con *o* (congiunzione):

O mangiato troppo   *Ho* la borsa *ho* la vita

e scrivono *scuadra* per assonanza con *scuola*, fratelli *sciamesi* per assonanza con *sciame*, *sciarpa*.

La tentazione del dialetto, equivalente linguistico dell'autonomia regionale, induce il parlante-scrivente a trasferire sulla pagina pronunce locali, ragion per cui scriverà:

il meridionale: *egreggio, conzenzo, probblema, venerabbile,* felici e *condendi;*

il romano: *le derme di Garagalla, badada bollende, bodere demborale dei babi;*

il romagnolo: *Brisigalla, Giusappe,* santa *Madanna;*

il veneto: *benedeto, abiamo fato, diretore,* mandando in bestia l'insegnante il quale, veneto pure lui, grida: «*Ragasi, mi racomando, batete bene le dopie*».

Siccome oggi si scrive soltanto per fare testamento, o per mandare una cartolina dalle Seychelles, le rare volte che prendiamo in mano la penna son dolori, dubbi tremendi, invocazioni di soccorso per la paura di fare una figuraccia col destinatario. Perché si ha un bel dire: anche i grandi scrittori hanno commesso errori d'ortografia, e i linguisti d'avanguardia possono pure prenderli alla leggera, e assolvere quel « sessantottino » che presentò al provveditorato agli studi una domanda di supplenza: « Io sottoscritto, l'aureato in lettere ecc. ». Sta di fatto che se la scuola perdona, non perdona la società, tra due disoccupati che aspirano ad entrare in banca, chi scrive scorrettamente ha minori probabilità d'essere assunto.

E allora, si scrive *pover'uomo* o *pover uomo*? *Da* affittare o *d'*affittare? *Qual'è* il tuo cappotto o *qual è* il tuo cappotto?

Qui il discorso si fa necessariamente tecnico. Quando una parola perde la vocale finale davanti a un'altra cominciante con vocale, abbiamo il fenomeno chiamato *elisione*, contrassegnato dall'apostrofo.

L'elisione è obbligatoria con gli articoli *lo*, *la*, *una*:

> *lo* amico = *l'*amico, *la* estasi = *l'*estasi, *una* epoca = *un'*epoca.

È obbligatoria anche con le preposizioni articolate:

> *dello* assente = *dell'*assente, *alla* amica = *all'*amica

ma per evitare confusioni si scriverà:

> *all'*assistente (se è uomo), *alla* assistente (se è donna).

La preposizione *di* si elide:

> una prova *d'*intelligenza

ma si dirà:

> tintura *di* iodio

perché la *i* seguita da vocale è considerata semiconsonantica; difatti si dice, senza elisione, *lo* iodio, *lo* Ionio, *lo* iato.

Per evitare confusione con *di*, la preposizione *da* non si elide:

difetto *da* eliminare, casa *da* affittare.

Eccezioni: *d*'ora in poi (che sarebbe: *da* ora in poi), *d*'altra parte (*da* altra parte).

Il *troncamento* è invece la caduta della vocale, o della sillaba finale, tanto se la parola seguente comincia con vocale, quanto se comincia con consonante, e non vuole l'apostrofo:

signor giudice, *mal* di testa, *suor* Angelica, *fra* Michele, *nessun* interesse, *nessun* vantaggio.

Praticamente, nell'elisione l'apostrofo è una specie di lapide che ricorda un caduto, la caduta d'una vocale che faceva parte integrante della parola. *Quest'inverno* è un'elisione, dove la *o* è scomparsa, ma non dimenticata, tant'è vero che scriviamo al suo posto un apostrofo, come una sorta di souvenir. Invece nel troncamento la vocale o sillaba soppressa non viene, diciamo, commemorata da alcun segno ortografico, perché è nata una nuova parola, che vive autonomamente, anzi sopravvive, nonostante la mutilazione.

Da *buono* abbiamo i troncamenti:

buon amico, *buon* diavolo

dove *buon* è parola autonoma, che si può premettere tanto ad *amico* (iniziale vocalica) quanto a *diavolo* (iniziale consonantica), senza bisogno di apostrofo.

Dubbio analogo: si scrive *qual era* oppure *qual'era*?

Si scrive *qual era*, perché *qual* è un troncamento. Difatti davanti a consonante noi diciamo:

Qual buon vento ti porta?

e se *qual* rifiuta l'apostrofo davanti a consonante (*qual* buon vento), non v'è ragione di metterglielo allorquando precede una vocale (*qual* era). Pertanto scriveremo *buon uomo*, perché diciamo anche *buon giorno*, e se non v'è apostrofo nel secondo caso, non ci va neanche nel primo. Scriveremo *nobil uomo*, perché davanti a consonante scriviamo *nobil donna*.

Invece *pover'uomo* vuole l'apostrofo.

Se fosse un troncamento, la forma *pover* dovrebbe valere anche davanti a consonante, e avremmo:

pover cane, *pover* diavolo

cosa che nessuno si sogna di scrivere. E non lo scrive perché la soppressione della o di *povero* avviene solo davanti a vocale, così abbiamo *pover'uomo*, elisione confermata dall'apostrofo, epitaffio in memoria d'una vocale caduta sul campo dell'eufonia.

Vediamo adesso come si comportano *grande*, *bello*, *santo*.

Grande, davanti a vocale, subisce l'elisione:

*grand'*uomo, *grand'*ammiraglio.

Davanti a consonante subisce il troncamento:

gran capo, *gran* mondo, un *gran* farabutto.

Davanti a *s* impura e a *z*, le opinioni divergono. C'è chi scrive:

gran zizzania

concedendo il troncamento, chi invece lo rifiuta e preferisce:

il *grande* zaino, il *grande* spavento.

Bello si elide davanti a vocale:

32

*bell'*arnese, sei *bell'*e spacciato

e si tronca davanti a consonante che non sia *s* impura, *z*:

bel ragazzo, *bel* divertimento, *bello* specchio, *bello* zaino.

Al plurale diventa *begli* davanti a vocale, a *s* impura e *z*:

begli ornamenti, *begli* specchi, *begli* zaini.

Davanti alle altre consonanti, fa il plurale *bei*:

bei libri, *bei* quadri

però diventa *belli* se è posposto al nome:

In quella casa ho visto quadri *belli*.

Santo si tronca davanti a nome che comincia con consonante o con *i* semiconsonantica:

san Giuseppe, *san* Jacopo.

Davanti a vocale si elide:

*sant'*Anna, *sant'*Ignazio.

Resta intero davanti a *s* impura:

santo Stefano, *santo* Spirito (però davanti a *z* si tronca: *san* Zeno).

Regola generale: per operare il troncamento occorre che le due parole confinanti siano strettamente unite dal senso, perciò si potrà dire *il buon padre di famiglia*, non si potrà dire *buon ma stupido*. Occorre inoltre che la sillaba finale contenga una delle seguenti consonanti: *m, n, l, r*. Non è pensabile, per esempio, un troncamento in *b*: *un superb ingegno*. Sempre per la suprema esigenza della chiarezza, alcuni troncamenti vogliono eccezionalmente l'apostrofo, qualora si tratti degli imperativi:

va' (vai), *sta'* (stai), *fa'* (fai)

che altrimenti si confonderebbero con il presente indicativo, terza persona singolare:

egli *va*, egli *sta*, egli *fa*.

L'apostrofo si usa anche davanti ai numeri che cominciano per vocale:

*l'*8 settembre

e per abbreviare l'indicazione degli anni:

la guerra del *'48*

però è consigliabile scrivere: la rivoluzione dell'Ottantanove, perché in questo caso le cifre richiederebbero un secondo apostrofo: e la rivoluzione *dell' '89* sarebbe non diciamo un pugno, ma due moscerini nell'occhio.

IV

L'articolo, piccolo arto

Durante una trasmissione televisiva, un noto presentatore disse: «Adesso vi mostreremo un grandissimo calciatore, un numero uno del calcio mondiale, Zico». Probabilmente l'emozione del momento giocò un brutto scherzo grammaticale al presentatore, che avrebbe dovuto dire: vi presentiamo *il* numero uno. Di uno ce n'è uno solo, in aritmetica e anche nella graduatoria mondiale dei calciatori. Dicendo *un* numero uno si lascia sospettare che ve ne siano parecchi.

Il insieme con *lo* e *la* è articolo determinativo, perché determina con precisione una certa persona o cosa.

Deriva dal latino:

ille pater (quel padre), *illa* mater (quella madre)

col passar del tempo si sono trasformati in

il(*le*) pater, (*il*)*la* mater

cioè *il* padre, *la* madre. *Un* e *uno* sono articoli indeterminativi, perché non determinano la persona o la cosa. Restano nel vago.

Dammi *il* libro (alludo a quel certo libro)
Dammi *un* libro (puoi scegliere quello che vuoi).

Uno non ha plurale. In senso strettamente contabile, il plurale di uno sarebbe due, tre, quattro, ecc. Il vero plurale di uno è *alcuni*:

Ho bevuto *un* bicchiere.
Ho bevuto *alcuni* bicchieri.

Uni si usa come pronome:

Gli uni leggono, *gli altri* giocano.

Articolo vuol dire piccolo arto, piccolo membro del discorso, e va sempre premesso al nome. A differenza di altre parti del discorso (verbo, aggettivo, avverbio, pronome, nome) che godono d'una relativa mobilità, l'articolo sta incollato al nome e può muoversi solo con esso.

Il plurale di *il, lo, la* è *i, gli, le. Uno, lo* e *gli* si usano davanti a *s* impura (uno stupido, lo studente, gli sconosciuti), davanti a *z* (uno zoppo, lo zaino, gli zoccoli). Forti di questa regola, creduta salda come roccia, legioni di maestre hanno tirato segnacci blu sui compiti degli alunni, in soccorso dei quali arrivano dall'oltretomba nientemeno il Parini, che scrive *un zelante, al scintillante,* il Foscolo con *i stemmi* e Giacomo Leopardi, che nel *Sabato del villaggio* fa tornare «alla sua mensa / fischiando il zappatore». Ma queste sono licenze poetiche, negate a scolaretti che, più modestamente, puntano a quella elementare.

Davanti a *ps, gn, pn, x,* la grammatica prescrive *uno, lo* e *gli*: uno psichiatra, lo psichiatra, gli psichiatri; lo gnocco, gli gnocchi; e così lo pneumatico, lo xilofono. A che scopo? Evitare il suono contiguo di tre consonanti. *Il* psichiatra darebbe un cacofonico gruppo *lps, il* gnocco il gruppo *lgn*, in contrasto con la musicalità nativa della nostra lingua. Ogni consonante appoggiata a una vocale: questo il nostro ideale eufonico, inconsapevolmente ribadito dai parlanti del Centro-Sud ogni volta che dicono *pissichiatra, pissicologo,* olio *ecchestra, tunghesteno, cognacche,* ho spento il *gasse*; e dai parlanti del Nord quando eliminano la consonante finale e dicono *dèfici* per dèficit.

Senonché un conto è la regola, un altro l'uso. Autorevoli scrittori adoperano senza esitazione *il* psicologo, *il* gnocco, perché l'italiano è una lingua — e lo vedremo sempre più andando avanti — un po' ballerina; stabilita una regola subito si contraddice con eccezioni e concessioni, non si sa mai come la pensi, insomma come le donne troppo amate, quando dice forse vuol dire sì, e quando dice no vuol dire forse.

Il plurale di Dio è *gli dèi*.

Gli si apostrofa davanti a parola che comincia con *i*:

> *gl'inglesi* (non scrivere mai *gl'europei*).

I nomi maschili di persona rifiutano l'articolo (è dialettale dire il Mario, il Giovanni), che è accettato, specialmente nell'uso familiare, da quelli femminili (la Graziella, l'Antonietta).

I cognomi degli uomini illustri sono usati anche senza articolo:

> Manzoni, *il* Manzoni   Cavour, *il* Cavour;

per le donne è di rigore l'articolo, tanto se illustri:

> *la* Garbo, *la* Iotti, *la* Proclemer,

quanto se oscure:

> *la* Bianchi, *la* Rossi,

discriminazione che irriterà giustamente le femministe, purtroppo la grammatica finora è stata scritta (insieme con la storia) dai maschi.

Quando il nome proprio è preceduto da un titolo, purché non sia *ser*, *messer*, *mastro*, *fra*, *san*, *don*, *donna*, si premette l'articolo:

> *il* cavalier Anselmo, *il* dottor Živago

però non si dice:

il fra Cristoforo, *il messer* Ludovico, *la donna* Rachele.

Più complessa la faccenda con i nomi geografici. Mari, monti e fiumi vogliono l'articolo:

il Tirreno, *il* Cervino, *il* Po (ho pescato *nel* Po, ma: ho pescato *in* Arno);

i nomi di città non lo vogliono, tranne:

Il Cairo, La Spezia, L'Aquila, La Mecca, L'Avana.

Sulle orme del musulmano che va pellegrino alla Mecca e non a La Mecca, ci sembra più sciolto ed elegante dire che « il governo ha nominato il nuovo prefetto della Spezia », rifiutando il duro e burocratico « prefetto di La Spezia ».

Passando dalle città alle nazioni, l'anarchia aumenta, perché troviamo scortate dall'articolo la Spagna, il Belgio, la Germania, il Brasile, e senza articolo Israele, Haiti, Cuba, San Marino, Monaco, Andorra.

Delle isole, quelle grandi vogliono generalmente l'articolo:

la Sicilia, *la* Sardegna, *il* Madagascar,

però lo respingono:

Cipro, Creta, Cuba.

Altrettanto dicasi delle piccole:

Ischia, Capri, Caprera, Ponza,

però alcune piccolissime lo pretendono:

la Capraia, *la* Gorgona, *la* Maddalena,

dal che si deduce che, per la grammatica, i chilometri quadrati sono un'opinione.

Con padre, madre e altri termini di parentela preceduti dal possessivo non va l'articolo, pertanto si dirà:

mio padre, tua madre, suo zio, nostro nipote (eccezioni: il mio babbo, la tua mamma);

ma se sono accompagnati da un aggettivo qualificativo:

il mio caro padre, *la tua adorata* madre, *il suo ricco* zio.

Il riacquista l'originario valore etimologico di *ille* (quello) quando assume funzioni di dimostrativo:

Alessandro *il* Grande, Plinio *il* Giovane.

Composto con la preposizione *di*, acquista valore partitivo:

Ho bevuto *del* vino. Ho trovato *degli* amici comprensivi.

Un consiglio: evitiamo di dire: «Il pianista aveva delle mani bellissime». Essendo soltanto due, non v'è pericolo di sbagliare affermando che «il pianista aveva mani bellissime». E così si obbedisce ad un'altra regola, stilistica non grammaticale, che suggerisce di eliminare il superfluo. Nella comunicazione linguistica, tutto ciò che è inutile è dannoso. Lo stile pulito ed incisivo si ottiene condensando il massimo di concetti nel minimo di parole. Fatta salva, beninteso, la chiarezza. Dicono gl'inglesi che chi usa cinque vocaboli per un concetto esprimibile con quattro, è capace di qualsiasi delitto. Dovendo perciò scegliere tra: «Arriverò in stazione con delle valigie e dei pacchi» e «con valigie e pacchi», è da preferire la seconda dizione. Anche perché, dovendo telegrafarla, si risparmiano quattrini. Bruno Migliorini ironizzava sulla pubblicità che esorta: «Pulitevi i vostri denti col dentifricio X», «lubrificate la vostra auto con l'olio Y». È un uso ricalcato sul modello francese e respinto dal nostro orecchio. E dal buon senso. Basterà dire: «Pulitevi i denti... lubrificate l'auto», visto che a nessuno viene in mente di pulire i denti d'un altro (a meno che non sia un bambino); e nessuno, per quanto servizievole, oggi perde tempo a lubrificare l'auto d'un amico, per quanto caro. Per queste cose, ci si rivolge a una stazione di servizio.

V

I transessuali del vocabolario

Il nome è la parte del discorso che serve a nominare le persone, gli animali, le cose, gli eventi. Si chiama anche sostantivo, perché indica una sostanza, contrapposto in ciò all'aggettivo, che indica una qualità, o un'altra connotazione aggiuntiva (da *adjectivum*, che si aggiunge). Come la camicia può stare senza cravatta, ma la cravatta non può stare senza camicia, così il sostantivo non richiede necessariamente la compagnia dell'aggettivo. Il quale, invece, da solo non sta.

Il nome può essere *concreto* quando indica cose che cadono sotto i sensi, *astratto* quando indica sentimenti, qualità, idee percepibili con la mente:

> *cane, pietra, sedia* sono concreti
> *bontà, virtù, bellezza* sono astratti.

Tuttavia è meglio non insistere su questo punto, come suggerisce Luciano Satta, perché se ci mettiamo a spaccare il capello in quattro, troveremo il confine tra i due gruppi assai evanescente ed opinabile. Astratti sono quei nomi, insegnano le grammatiche tradizionali, che indicano cose che non si possono vedere né toccare né sentire. Perciò un insegnante aveva definito nome astratto la luna, satellite che non poteva essere toccato. «Meno male che poco dopo gli astronauti americani misero a tacere la questione» commenta l'ironico Satta. Se bontà è astratto, angoscia e affanno sono astratti o concreti? Astratti, rispondono le grammatiche tradizionali. Eppure sono cose talmente concrete che, per farcele passare, dobbiamo prendere un tranquillante.

Il nome può essere *comune* quando indica uno o più individui, senza distinguerli da altri appartenenti alla stessa specie:

ragazzo, monte, fiume,

e *proprio* quando si riferisce ad un determinato individuo, isolandolo dal resto della specie:

Antonio, Cervino, Adige

Il nome proprio non ha plurale, tranne quando ha valore traslato:

i Cesari = gli imperatori di Roma,

oppure indica una famiglia:

gli Scipioni, i Fabii.

Al nome proprio vanno assimilati i cognomi:

Pertini, Guttuso, Moser,

gli pseudonimi:

Alberto Moravia (all'anagrafe Alberto Pincherle), *Ignazio Silone* (Secondino Tranquilli), *Neri Tanfucio* (Renato Fucini), *Patty Pravo* (Nicoletta Strambelli),

i soprannomi:

Carlo *Magno*, Giuliano *l'Apostata*,

i nomi patronimici:

il Pelide Achille (figlio di Peleo), *i Napoleonidi* (discendenti di Napoleone), i nomi patrionimici, indicanti la patria d'origine:

l'Aretino (nato ad Arezzo), *il Perugino* (nato a Perugia).

Il cognome va sempre posposto al nome. La burocratica consuetudine dell'appello per ordine alfabetico, a scuola, in caserma, allo sportello delle pensioni, ha soffocato quel palpito di individualità che guizza nel nome, però i ben parlanti diranno sempre Dante Alighieri, non Alighieri Dante; Enrico Fermi, non Fermi Enrico. Illustri o meschini, noi esistiamo prima come persone, poi come famiglia. Così sulla busta d'una lettera scriveremo «al dott. Mario Bianchi», non a «Bianchi dott. Mario».

È opinione molto diffusa e altrettanto errata che tutte le parole uscenti in *a* siano femminili, perciò non di rado l'anagrafe registra neonate chiamate Vania (sebbene zio Vania, di Čechov, fosse uomo), Leonida (considerato femminuccia nonostante il virile coraggio dimostrato alle Termopili) e financo Enea. È vero che la stragrande maggioranza dei nomi in *a* sono femminili, ma non tutti. Sono maschili il pirata, il boia, il problema, l'elettrocardiogramma. Ma nel popolo, osserva il Panzini, l'equivalenza tra la desinenza in *a* e il genere femminile è talmente sentita che spesso si sente dire *una inglesa, una francesa.*

Inversamente, tutti i nomi in *o* sono maschili, con alcune eccezioni: la radio, la mano, l'eco (però al plurale *gli* echi). Riguardo alla struttura, il nome può essere:

— *primitivo*, quando non deriva da nessun altro (casa, mano, suono);
— *derivato*, quando deriva da un altro (casalinga, manovale, suonatore).

In quest'ultimo, il significato della parola primitiva muta profondamente (non diciamo radicalmente, perché la radice rimane). Quando invece si verifica un mutamento superficiale, che modifica, ma non intacca il significato di fondo, abbiamo il nome *alterato*:

donna, donnone, donnina, donnetta, donnaccia.

Donnone è accrescitivo (si noti il passaggio al maschile, quasi a potenziare la forza muscolare), donnina vezzeggiativo, donnetta diminutivo, donnaccia dispregiativo. In pratica, l'alterato equivale a un sostantivo più un aggettivo:

donnone = donna grossa, *donnina* = donna graziosa, *donnetta* = donna piccola, *donnaccia* = donna scostumata.

Attenzione: signorina non è una signora piccola, è una donna non sposata. L'*alterato* ha scarsa presenza nell'uso corrente, ed è un peccato perché offre una varietà di sfumature, di mezze tinte e mezzi toni, che arricchiscono il pensiero. Qualche altra desinenza:

> -*ello*: vinello
> -*uzzo*: labbruzzo
> -*otto*: ragazzotto
> -*astro*: poetastro
> -*onzolo*: pretonzolo
> -*iccio*: sudaticcio
> -*acchione*: mattacchione
> -*icciolo*: porticciolo
> -*uncolo*: ladruncolo
> -*uccio*: tesoruccio
> -*erello*: vecchierello
> -*iciattolo*: mostriciattolo
> -*ucolo*: avvocatucolo
> -*occio*: grassoccio
> -*olo*: figliolo
> -*acchiotto*: furbacchiotto
> -*ognolo*: amarognolo.

Non manca il diminutivo dell'accrescitivo, come *palla* che si gonfia in *pallone* e poi si ridimensiona in *palloncino*. Così pure abbiamo il dispregiativo del diminutivo. Di un cane piccolo diciamo *cagnetto*, e se vogliamo aggiungere che è anche cattivo diciamo *cagnettaccio*. Più sintetici di così!

Quanto al genere, ci sono nomi unisex, cui basta cambiare l'articolo:

> *il* cantante, *la* cantante   *un* barista, *una* barista.

Non hanno il maschile:

> *la* spia, *la* guida, *la* sentinella, *la* vedetta, *la* guardia.

Sebbene sia un mestiere prevalentemente per uomini, anche la spia resta, formalmente, un femminile. Omaggio a Mata Hari?

Il femminile di re è regina, di doge dogaressa, di eroe eroina, di dottore dottoressa, di pastore pastora, di fante fantesca, di frate suora, di genero nuora, di cavaliere amazzone (a cavallo) e dama (in salotto). E il femminile di sindaco?

L'emancipazione femminile ha sollevato problemi linguistici ignoti ai nostri padri e nonni. Un tempo le professioni e le cariche erano tutte in salda mano maschile; Berta stava in casa a filare la lana. Alla donna la società patriarcale riconosceva il diritto di scegliere uno dei questi tre mestieri: casalinga, serva o cortigiana. Poi un po' alla volta la donna uscì dalle mura domestiche e andò a scuola, a insegnare: così nacque il femminile di maestro, maestra, e nessuno trovò da ridire. A un livello superiore, fece la professoressa, pomposo femminile di professore. Poi la donna si laureò in medicina, curò i malati e fece la dottoressa. Che non è la moglie del dottore, come principessa lo è del principe, e fattoressa del fattore, bensì indica una condizione professionale. Se fino a ieri, osserva Aldo Gabrielli, sindachessa era la moglie del sindaco, nulla vieta di adoperare questo termine per indicare questa stessa funzione, svolta da una donna. Se già chiamavamo sindachessa una signora che, del sindaco, condivideva il talamo ma non l'ufficio, a maggior diritto potremo attribuire tale titolo a una donna che, dal punto di vista sociale, fa qualcosa di ben più importante che sposare il primo cittadino: è lei stessa, nubile o sposata, primo cittadino. Anzi, prima cittadina.

Non si capisce perché la donna, dopo aver aspramente lottato per strappare all'uomo la parità, ne elemosini i titoli, pretendendo d'essere chiamata avvocato, ambasciatore, presidente, direttore responsabile di giornale. Non s'accorge che in tal modo ripristina le catene, appena spezzate, dell'antica soggezione? « In tribunale l'avvocato Maria Rossi ha pronunciato una brillante, applauditissima arringa » riferiscono le cronache. Personalmente preferiamo *avvocata*, trattandosi letteralmente del participio passato del verbo latino *ad-vocare*, chiamare uno come consigliere. Il femminile di convocato non è convocata? Di provocato, non è provocata? A favore di *avvocata* milita un precedente illustre ed eterno, la preghiera del *Salve Regina* che, rivolgendosi alla Vergine patrona dei peccatori presso il tribunale di Dio, la supplica «*eia ergo, advocata nostra, illos tuos misericordes oculos ad nos converte*» (orsù dunque, avvocata nostra, rivolgi a noi quegli occhi tuoi misericordiosi).

Per la stessa ragione, meglio deputata di deputatessa. Per il ministro-donna, il discorso si fa più difficile. Dire *la signora ministra* ricorda troppo da vicino la minestra e getterebbe il ridicolo sulle istituzioni. Per questo ha preso piede *ministro*, riferito a una donna; col tempo ci faremo l'orecchio, ci si abitua a tutto. Ma per adesso, e chissà per quanto, restiamo perplessi ogniqualvolta leggiamo che « la mostra filatelica è stata inaugurata dal ministro delle poste, accompagnato dal marito ». Una perplessità pari a quella che proviamo quando il direttore responsabile d'un rotocalco femminile telefona in redazione che resta a casa, perché deve allattare.

Degli animali, alcuni presentano due nomi per indicare i due sessi: lupo e lupa, gallo e gallina, pecora e montone, maiale e scrofa, leone e leonessa. Per gli altri specificheremo: il leopardo maschio, il leopardo femmina (oppure, la femmina del leopardo).

Alcuni nomi, cambiando genere, cambiano identità. I più frequenti di questi transessuali del vocabolario sono: il boa, la boa; il fronte, la fronte; il collo, la colla; il capitale, la capitale; il modo, la moda; il foglio, la foglia; il pianeta, la pianeta; il fine, la fine; l'arco, l'arca; il carico, la carica; il lancio, la lancia; il maglio, la maglia; il pieno, la piena; il palo, la pala; il manico, la manica. Per concludere, il galero, cappello cardinalizio, al femminile diventa la galera, che è proprio uno scherzo da prete.

Alcuni nomi, come sangue, fame, sete, sono privi di plurale. Altri ne hanno due, e si chiamano *sovrabbondanti*:

Corno: i corni (del dilemma, da caccia), le corna (dell'animale).
Ciglio: i cigli (del burrone), le ciglia (degli occhi).
Filo: i fili (d'erba), le fila (dell'ordito, d'una congiura).
Gesto: i gesti (movimenti del corpo), le gesta (imprese gloriose).
Labbro: i labbri (del vaso, d'una ferita), le labbra (dell'uomo).
Membro: i membri (d'una società), le membra (del corpo umano).
Osso: gli ossi (d'un animale), le ossa (dell'uomo).
Budello: i budelli (passaggi lunghi e stretti), le budella (dell'intestino).
Anello: gli anelli (delle dita, d'una catena), le anella (dei capelli).
Dito: i diti (singolarmente considerati: i diti mignoli), le dita (nel loro complesso).
Fuso: i fusi (orari), le fusa (del gatto).
Grido: i gridi (degli animali), le grida (degli uomini).
Muro: i muri (d'un edificio), le mura (che cingono una città).
Fondamento: i fondamenti (d'una scienza), le fondamenta (d'una casa).
Frutto: i frutti (della terra, d'un capitale), le frutta (da tavola).
Braccio: i bracci (della bilancia), le braccia (del corpo).

I nomi in *co* fanno il plurale in *chi* o in *ci*?

Per *medico*, *eretico*, *logico* e altri non v'è alcun dubbio, fanno:

però è consigliabile consultare, per questi nomi, il vocabolario e scegliere. Sì, perché in parecchi casi il vocabolario propone e il lettore dispone. Per i nomi in *co*, più che matematiche certezze, esso ci offre la malinconica conferma che della nostra estrosa e lussureggiante lingua poche regole sono scolpite nel bronzo. Per esempio, il Palazzi assegna a *manico* il plurale *manichi*, il Battaglia *manici* e aggiunge «meno corretto *manichi*»; lo Zingarelli e il DIR (Dizionario Italiano Ragionato) *manichi* e *manici*. Per *stomaco*, lo Zingarelli e il DIR registrano *stomachi* e *stomaci*, subito contraddetti dal Palazzi, che prescrive testualmente «*stomachi*, e non *stomaci*, che è errore». Chi ha ragione? In questa materia, è l'uso che decreta la vittoria. Chi vivrà vedrà.

Una regola proposta da alcuni assegna il plurale in *ci* ai nomi sdruccioli, vale a dire con l'accento sulla terzultima sillaba (*canonico*, *canonici*) e quello in *chi* ai nomi piani, con l'accento sulla penultima (*cieco*, *ciechi*). Ma non si fa in tempo a formulare una regoletta che balzano fuori a insidiarla come cavallette sciami di eccezioni, ed ecco *amico* (parola piana) che diventa *amici*, e *valico* (parola sdrucciola) che diventa *valichi*.

Disinvolta anarchia anche tra i nomi in *go*. *Lago* fa *laghi*, *mago maghi*, con regale eccezione per i Re *Magi*, che impegnati a trasportare oro, incenso e mirra, hanno perso per strada l'*h*. Da catalogo abbiamo *cataloghi*, da teologo *teologi*, da astrologo *astrologi* e *astrologhi*.

I nomi in *io* conservano la *i* se è accentata: *zio*, *zii*. Altrimenti la perdono: *bacio*, *baci*. *Principio* al plurale va scritto *principii*, oppure accentato *princìpi*, per non confonderlo con *prìncipi*, plurale di *principe*. Idem per *conservatorio*: scriveremo *conservatorii* (più raro *conservatorî*) per distinguerlo dai *conservatori* (partito politico).

I nomi in *cia* e *gia*, se la desinenza è preceduta da vocale, mantengono la *i*: *ciliegia, ciliegie; socia, socie*.

Se la desinenza è preceduta da consonante, perdono la *i*: *lancia, lance; orgia, orge*.

Superfluo aggiungere che la *i*, se è tonica, si conserva: *gaggìa, gaggìe*.

Abbiamo visto i nomi comuni, i propri, gli alterati, i derivati. Abbiamo incontrato i nomi poveri, privi di plurale; quelli ricchi, che ne hanno due; i travestiti, che cambiano sesso; esaminiamo ora quelli in due pezzi, nati dall'accoppiamento di due parole, come grattacielo, madreperla, parabrezza.

Se sono formati da due sostantivi, mettono al plurale solo il secondo:

arcobaleno, arcobaleni   ferrovia, ferrovie.

Se sono formati da sostantivo più aggettivo, entrambi vanno al plurale:

terracotta, terrecotte   cassaforte, casseforti

con l'immancabile eccezione di *palcoscenico* che fa *palcoscenici*, seguito da *camposanto*, che fa *camposanti*, ultimo palcoscenico della commedia umana.

Aggettivo più sostantivo: al plurale solo il sostantivo:

francobollo, francobolli.

Verbo più verbo: i due membri restano invariati:

il dormiveglia, i dormiveglia   il saliscendi, i saliscendi.

Verbo più sostantivo maschile: al plurale solo il sostantivo:

parafango, parafanghi

con la solita eccezione: il *copriletto* resta i *copriletto*.

Verbo più sostantivo femminile: plurale invariato:

il portacenere,   i portacenere

con la solita eccezione: il *battimano* diventa i *battimani*.

Verbo più avverbio: plurale invariato:

il posapiano,   i posapiano.

Un discorso a parte merita il pomodoro, ortaggio ricco di vitamine e di plurali. Infatti ne ha tre. Pertanto, anche se il menù del ristorante offre poche scelte, il cliente può sbizzarrirsi ordinando al cameriere una mozzarella con molti pomodori, pomidori e pomidoro.

Le parole formate col sostantivo *capo* talvolta mettono al plurale il primo elemento, talvolta il secondo, talvolta tutt'e due. Una regola fissa non esiste. Non la danno nemmeno i vocabolari. Il seguente prospetto ce ne offre la prova.

	GARZANTI	PALAZZI	ZINGARELLI	MIGLIORINI	DEVOTO-OLI
capolista	i capilista le capolista	capilista	i capilista le capolista	capilista	capilista
capoluogo	capoluoghi capiluoghi	capoluoghi capiluoghi	capoluoghi capiluoghi	capoluoghi capiluoghi	capoluoghi
capocuoco	capocuochi capicuochi	capicuochi	capocuochi capicuochi	capocuochi capicuochi	capocuochi capicuochi
capofila	i capifila le capofila	capifila	capifila	capifila	capifila
capotreno	capitreno capotreni	capitreno	capitreno capotreni	capitreno (*preferibile a* capotreni)	capitreno capotreni

VI

Amor mio, sono me

Nella canzone *Ci sarà*, vincitrice in un festival di Sanremo, Al Bano e Romina Power auspicando, com'è nei desideri di tutti gli uomini, amanti della musica leggera o stonati, l'avvento d'un «mondo migliore», si dicono certi, certissimi che presto, su questa valle di lacrime, «ci sarà un azzurro più intenso e un cielo più immenso». Non si capisce per qual motivo, per migliorare il mondo, si debba calpestare la grammatica. E quel «cielo più immenso» la calpesta, non potendosi mettere al comparativo aggettivi che, per loro natura, non sopportano confronti, come immenso, infinito, smisurato, sterminato, onnipotente, onnisciente, onnipresente, ecc. Non è pensabile che A sia più immenso, più infinito, più smisurato di B; sono valori che trascendono ogni possibilità di misurazione e, quindi, di paragone.

La canzone ha vinto egualmente il festival, che ha raccolto due milioni di cartoline-voto. Il che non significa che i votanti siano due milioni di italiani totalmente sordi alla grammatica. Si sa che i testi delle canzonette stanno alla musica leggera come i libretti al melodramma: in genere, penosi gli uni e gli altri, riscattati per fortuna dal magistero della musica. Esiste tuttavia il pericolo che la capillare penetrazione del mezzo audiovisivo diffonda tra le masse, anche negli strati più sensibili alla corretta italianità, una strisciante codificazione dell'errore spacciandola per espressione ortodossa, se non addirittura dogma («L'ha detto la tv!»).

Nel festival del 1980, una canzone presentata dal complesso degli Omelet narrava d'un'innamorata che bussa alla porta. Chi sarà? «Amor mio, sono me» rispose la bella, impaziente e sgrammaticata. A questo punto un primo della classe avrebbe risposto: «Sei per me troppo ignorante / non ti voglio per amante». Invece gli Omelet aprirono la porta, facendo con la lingua italiana una bella frittata. È facile immaginare il successivo colloquio: «Dolce amor, non dirmi addio / resta sempre qui con io».

Torniamo a «immenso», nelle cui condizioni si trovano molti altri aggettivi, come enorme, gigantesco, colossale, sublime. Di essi, come degli altri già citati, non si può costruire il comparativo (più enorme) né il superlativo (il più enorme di tutti, enormissimo) poiché indicano già di per sé una qualità espressa al grado massimo. Quando il negoziante insiste: «Signora, le consiglio questo impermeabile grigio, è più impermeabile di quello verde» rispetta forse la verità, non la grammatica. Se sono veramente impermeabili, l'acqua non deve passare in nessuno dei due. E se in uno dei due passa, vuol dire che impermeabile non è. Pertanto, se vorrà essere in regola con la grammatica (e con la verità) il negoziante dirà: «Questo grigio è meno permeabile di quello verde». Però in tal modo farà nascere il dubbio che l'acqua penetri in entrambi, col rischio che la cliente non compri nulla.

Rifiutano altresì ogni possibilità di gradazione gli aggettivi:

che appartengono al linguaggio geometrico: *triangolare, circolare, cubico, quadrato*;
che indicano tempo: *settimanale, mensile, estivo, settembrino*;
che indicano appartenenza a una fede, a una ideologia: *buddista, ateo, massone* (però Francesco I fu detto «Re Cristianissimo»);
che indicano materia: *ligneo, ferreo, argenteo*.

Il comparativo di maggioranza si forma premettendo all'aggettivo *più*:

Mario è *più* diligente di Luigi.

Il superlativo relativo premette *il più*:

Mario è *il più* diligente di tutti.

Il superlativo assoluto, vale a dire non limitato, non condizionato da confronti diretti, si ottiene aggiungendo *issimo*:

Mario è *diligentissimo*.

Alcuni aggettivi hanno doppio comparativo e doppio superlativo:

buono	più buono	migliore	buonissimo	ottimo
cattivo	più cattivo	peggiore	cattivissimo	pessimo
piccolo	più piccolo	minore	piccolissimo	minimo
grande	più grande	maggiore	grandissimo	massimo
alto	più alto	superiore	altissimo	sommo
basso	più basso	inferiore	bassissimo	infimo
molto	più		moltissimo	plurimo
interno	più interno	interiore		intimo
esterno	più esterno	esteriore		estremo
vicino	più vicino	viciniore	vicinissimo	prossimo

Stando a questo schema, è errato dire «viveva in condizioni della più infima miseria», «era il suo più intimo amico», «si rivolse alla farmacia più prossima». Trattandosi di superlativi, non è lecito superlativizzarli. Equivarrebbe a dire: il più buonissimo. Ma fino a quando? «Il più intimo» è già entrato nell'uso e non basteranno gli anatemi dei puristi a scacciarlo.

Una volta si inorridiva al solo pensiero che qualcuno osasse fare il superlativo d'un sostantivo. Orrori passati. Adesso abbiamo il *campionissimo*, la *poltronissima*, la *partitissima*, la *canzonissima*, e un'auto chiamata *Kilometrissima*, perché secondo i costruttori dovrebbe percorrere molta strada, con poca benzina. Quale? Certamente quella che, nata da un audace superlativo di *super*, è stata battezzata *Superissima*.

Il destino delle parole assomiglia a quello delle monete, s'inflazionano e perdono valore. Un paio di scarpe ai nostri genitori costavano diecimila lire, a noi centomila, e ai nostri figli costerà, Dio non voglia, mezzo milione. Così avviene delle parole. Perché conservino il loro potere d'acquisto, diciamo, mentale, dobbiamo gonfiarle non di zeri, bensì di *issimo*. Il giorno in cui anche campionissimo e canzonissima avranno perduto, logorati dall'uso, la loro carica enfatizzante, bisognerà elevare *issimo* al quadrato e scrivere, attenti a non sbagliare le esse, *campionississimo*, *canzonississima*.

Taluni aggettivi vogliono il superlativo in *errimo*:

acre *acerrimo*, celebre *celeberrimo*, integro *integerrimo*

però:

aspro fa *asperrimo* e *asprissimo*, misero *miserrimo* e *miserissimo*.

Chi scrive: «Mario è il ragazzo il più diligente di tutti» cade in un francesismo deplorato dalle grammatiche, tuttavia nello *Zibaldone* si legge:

La donna la più bella

e il Manzoni non esita a scrivere:

L'uomo il più felice di questo mondo.

Chi avrà il coraggio di accusare, per questo, il Leopardi e il Manzoni di corrotta italianità?

Con gli aggettivi uscenti in due vocali, che darebbero una cacofonica forma in *issimo* (estraneo estraneissimo, idoneo idoneissimo) è consigliabile ricorrere ad un avverbio: assai estraneo, molto idoneo.

E già che ci siamo, parliamo un attimo di *estremamente*. È un avverbio che ha fatto negli ultimi tempi rapida carriera, al posto di *molto* e *assai*, nei salotti, nei bar, nei comizi, servito in tutte le salse televisive, giornalistiche, sindacali. La partita di calcio è stata estremamente agonistica; il romanzo è estremamente affascinante. Mio figlio è estremamente preparato in matematica. È talmente diffuso l'anelito verso l'estremo e il ripudio della via di mezzo, della pacata mediazione, che abbiamo coniato il brutto verbo *estremizzare*, destinato, come *estremamente*, ad avere sempre maggior fortuna nei conversari d'un popolo estremista, diceva Longanesi, a parole.

Anche *ulteriore* viaggia a gonfie vele, avendo preso il posto di *nuovo*, *altro*, *successivo*: «Il consiglio dei ministri ha deciso di riunirsi per un ulteriore esame della situazione». Dire «per un nuovo esame» è giudicato di scarso prestigio, quel *nuovo* sa troppo di vecchio, neanche da confrontare con l'inamidata gravità di *ulteriore*, che inserisce nel comunicato ufficiale quel tanto di burocratico che si conviene a così importante consesso. Nelle previsioni meteorologiche l'abbassamento della temperatura è sempre *ulteriore* (o l'aumento, d'estate). Il termometro oscilla, ma *ulteriore* non vacilla. È una delle poche cose certe, in questo capriccioso alternarsi di anticicloni e nebbie sulla Val Padana. *Ulteriori* particolari saranno dati col telegiornale della notte. Per *ulteriori* notizie, leggere comunque il «Radiocorriere». Non v'è nulla di più galoppante dello zelo neofita con cui corrono di bocca in bocca parole fino ad ieri semisconosciute e improvvisamente ammantate di ufficialità. Siccome il contrario di *ulteriore* (che sta di là) è *citeriore* (che sta di qua), prepariamoci ad ascoltare tra non molto che «il governo e i sindacati si sono accordati per realizzare il programma stabilito durante i *citeriori* incontri».

Grazie alla bonifica fatta dai sarcasmi degli umoristi, è quasi del tutto scomparso dalla circolazione il famigerato *cioè*, disperato messaggio di una intera generazione di balbuzienti mentali, che lo masticavano come chewing-gum, ansimante surrogato di pensieri latitanti, di idee inesistenti. In compenso, resiste spavaldo il participio passato di *esigere*, con funzioni di aggettivo:

esatto. Complici i conduttori di telequiz («La risposta è esatta»), ha cacciato in esilio l'avverbio affermativo *sì*. Oggi l'Italia è il Paese dove l'*esatto* suona. Il consenso, l'approvazione si esprimono con *esatto*.

«Sei andato a sciare?»

«Esatto.»

Anche la cerimonia nuziale dovrà aggiornarsi:

«Lei, Luigi Bianchi, è contento di prendere in moglie la qui presente Maria Rossi?»

«Esatto.»

«Scambiatevi gli anelli.»

Il successo di questa parola va spiegato con la sua inconsciamente compiaciuta pretesa di chiarezza cartesiana, né ci disturba la parentela con esattore ed esattoria. Invecchiando, i due coniugi ricorderanno con tenerezza gli anni beati della gioventù, e sfogliando l'ingiallito album di fotografie lui avrà un sobbalzo al cuore, rivedendo quel posto in riva al fiume dove lei, languidamente distesa sull'erba masticando una margherita, per la prima volta gli disse «esatto».

I superstiti che usano il *sì* spesso lo sbagliano, scrivendolo senza accento. Nelle campagne elettorali dei referendum veleggiano striscioni con VOTA NO - VOTA SI. «L'ultimo sussulto vitale del sì con l'accento si ebbe nella seduta segreta del consiglio comunale di Bolsena, del 6 febbraio 1979» scrive il linguista Mario Alighiero Manacorda. In quell'occasione, alcuni consiglieri comunali scrissero sulla scheda *si* senz'accento e un oppositore chiese che fosse annullata la votazione, perché «tale grafia non corretta può costituire segno di riconoscimento» c'informa il verbale dell'assemblea. Accolta l'obiezione, «il presidente dichiara nulla la votazione che viene ripetuta». Dopo il secondo ricorso alle urne, «il presidente, constatata l'esatta grafia del "sì" sulle schede di votazione, dichiara approvata la proposta».

Altri aggettivi sulla cresta dell'onda sono: *grosso, corretto, valido, stimolante, carismatico, rozzo*. Quando non si sa che cosa rispondere alla dialettica d'un avversario, gli si grida che i suoi argomenti sono rozzi. Oppure che il suo è un discorso provocatorio. Ma che cos'è la dialettica, se non provocazione? Un critico letterario, quando non sa che dire d'un romanzo, scrive che è un libro sostanzialmente valido. Ma mentre sui biglietti del treno sono segnati i giorni di validità, il critico si guarda bene dallo specificare se la validità di quell'opera si prolungherà fino ai posteri, oppure dopo qualche settimana il libro finirà sulle bancarelle, a metà prezzo.

Il suffisso d'un aggettivo spesso aiuta a capirne il significato.

-ibile, *-abile*, indicano possibilità, potenzialità:

> leggibile, vendibile, transitabile;

-oso, abbondanza, disponibilità d'una cosa:

> famoso, spiritoso, glorioso, misericordioso;

-ano, *-ino*, *-ese*, appartenenza:

> toscano, musulmano, argentino, trentino, inglese, valdese;

-ando, *-endo*, necessità, azione che deve o sta per compiersi:

> esaminando, corrigendo, venerando;

-esco, appartenenza:

> trecentesco, libresco, militaresco;

-ardo, apprezzamento negativo:

codardo, infingardo, testardo, bugiardo, patriottardo, bastardo, beffardo (eccezioni: gagliardo, lombardo).

Il prefisso è una particella che si premette alla parola.

In, *dis*, *s*, indicano negazione:

felice in-felice, certo in-certo, attento dis-attento, ordinato dis-ordinato, fortunato s-fortunato, conosciuto s-conosciuto;

anti ha valore avversativo, di opposizione:

antidemocratico, antinevralgico, antisportivo;

a (corrispondente all'alfa privativo dei greci) denota privazione, mancanza, estraneità:

apolitico, apatico, agnostico.

Per indicare un avversario del comunismo si dice *anti*comunista, invece con *a*comunista si indica chi non è comunista, ma non è nemmeno contrario al comunismo. Gli è, semplicemente, indifferente.

Altri prefissi:

arci: arcinoto, arcimiliardario;
auto: autobiografico, autocritico;
contro: controproducente, contraddittorio, controverso;
extra: extravergine, extraterritoriale, extraparlamentare;
foto: fotoelettrico, fotosensibile;
inter: internazionale, interurbano, intercomunicante;
para: parastatale, paramilitare, paramedico;
pre: prenatale, preordinato, prepotente;
radio: radioattivo, radioterapeutico, radiofonico;
sopra: soprannaturale, sovrabbondante;
sotto: sottomultiplo, sottosviluppato, sottoposto;
stra: straricco, straordinario, stragrande;
sub: subalterno, subacqueo, suburbano;

super: supersonico, superalcolico, superfluido;
tele: televisivo, telericevente, teleselettivo;
ultra: ultravioletto, ultramoderno, ultrasensibile.

Abbiamo visto che l'aggettivo, come del resto l'articolo, non può non accompagnarsi a un sostantivo. Però l'articolo lo precede, sempre; l'aggettivo invece può precederlo oppure seguirlo. Con qualche sfumatura nel significato. Prima di tutto sgomberiamo il terreno dagli stilemi obbligati, codificati dal linguaggio della storia, della letteratura, della tecnologia, come guerra civile, acido solforico, materialismo storico, idee platoniche, terzina dantesca, dove l'aggettivo non è spostabile. Negli altri casi, premesso al sostantivo esso perde rilievo, diventa un accessorio secondario, una connotazione implicita e quasi ovvia:

È caduta la *bianca* neve.

Ma se per uno strano fenomeno meteorologico cadesse neve colorata di rosso, diremmo:

È caduta neve *rossa,*

mettendo in risalto, con l'aggettivo in posizione finale, l'eccezionalità dell'evento, che invece passerebbe in secondo piano, qualora dicessimo

È caduta la *rossa* neve.

Nelle coppie che seguono non si tratta più di sfumature, ma di un totale mutamento del senso. Altro è un *certo giorno*, altro un *giorno certo*. Con il *povero nonno* alludiamo al parente scomparso, mentre il *nonno povero* è vivo e vegeto, ma da lui non ci aspettiamo alcuna eredità. Chi si ciba di *puro latte* non è detto che si cibi di *latte puro*. Il *libero docente* non va confuso col *do-*

cente libero, il *gentiluomo* con l'*uomo gentile*. E la *buona società* non sempre è una *società buona*.

Mezzo è un aggettivo che si concorda col sostantivo quando lo precede:

È stato un *mezzo* disastro. Ho bevuto *mezza* bottiglia. Non amo i *mezzi* termini;

ma quando lo segue, prende la forma avverbiale, invariabile:

Ho dormito due ore e *mezzo*. Ho mangiato una mela e *mezzo*.

È avverbio anche quando si accompagna a un aggettivo o participio per attenuarne il significato:

Erano *mezzo* ubriachi. Maria era *mezzo* vestita.

Mezzi ubriachi, *mezza* vestita sono forme popolari.

VII

Pronome come prosindaco

Quando il sindaco è assente, lo sostituisce il prosindaco, che ne fa le veci. A Roma comandavano i consoli, a governare le province si mandavano i proconsoli, muniti d'una autorità praticamente eguale. Il pronome è quella parte del discorso che sostituisce il nome. Lo rappresenta a tutti gli effetti, grammaticali e sintattici. È un suo delegato, con pieni poteri. I pronomi si distinguono in:

— personali: *io, tu, egli, noi, voi, essi*;
— possessivi: *mio, tuo, suo, nostro, vostro, loro*;
— dimostrativi: *questo* (vicino a chi parla), *codesto* (vicino a chi ascolta, ma non tutti condividono siffatta topografia), *quello* (lontano da entrambi);
— relativi: *che, cui, il quale, la quale, i quali, le quali*;
— indefiniti: *qualcuno, ciascuno, ognuno, nessuno, molto, poco, tanto, quanto, altri, chiunque*;
— interrogativi: *chi? che? quale? quanto? che cosa?*
— esclamativi: *quale! quanto!*

Dei pronomi personali, *tu* è il più vilipeso dal corrente linguaggio cinematografico, televisivo e salottiero, molti addirittura lo considerano dialettale, e pensano di ingentilire il loro eloquio esclamando:

l'hai detto *te*; *te* non devi pensare a queste cose; io e *te* ci ameremo sempre.

Te non è soggetto, e la sua sostituzione strisciante al *tu* nella funzione di soggetto suona ancora come errore; invece è accettata, sempre nella funzione di soggetto, la sostituzione di *lui* a *egli*:

Ho visto tuo padre, *egli* mi ha detto (ma anche: *lui* mi ha detto) ecc.

Egli e *lui* si usano riferiti a persone; *esso* si riferisce agli animali e alle cose:

Non scherzare col cane, *esso* può morderti.
Ingenti furono i danni dell'incendio: *esso* fu domato solo dopo tre ore.

Essa invece può essere riferita anche a persona:

Sono venuto senza moglie, *essa* è a letto ammalata.

A lui si può sostituire con *gli*. Purtroppo una percentuale di parlanti, sulla cui entità è misericordia stendere un velo, usa dire:

Non ho telefonato a Luigi, però *ci* ho scritto una lettera

che è grave errore. *Ci* non sta mai per *gli*. *Ci* pronome è complemento oggetto di *noi*:

Tu *ci* punisci

oppure funge da complemento di termine, al plurale:

Tu *ci* (a noi) hai dato una delusione.

Davanti a *i* si apostrofa:

Egli *c'*invitò a cena

e qualcuno lo apostrofa anche davanti ad altra vocale, come suggerisce la vecchia canzone:

C'eravamo tanto amati
per un anno e forse più

che qualche purista giudica peccato veniale (l'apostrofo, non l'amore), preferendo

Ci eravamo tanto amati.

Ma la grammatica lo consente; invece è peccato mortale apostrofare:

perché c'hai lasciati?, gli amici c'hanno rovinato

che sono due mostriciattoli sgraziati, di brutta grafia e dubbia pronuncia.

Gli si usa da solo oppure composto con lo, la, le, ne:

glielo dissi, gliela consegnai, appena vedrò tua madre gliene parlerò

dove il gli riferito, in composizione, a un femminile è universalmente accettato, senza proteste. Adesso gli si usa anche per a loro:

Entrati gli amici, gli offrì da bere.

Alcuni si spingono oltre, proponendo il gli, da solo, nel senso di a lei, audacia che genera qualche perplessità, poiché se uno scrivesse:

Mario, incontrata la fidanzata, gli diede un bacio

getterebbe un'ombra di sospetto sulla eterosessualità della coppia.

L'uso, capriccioso dittatore della lingua, che oggi consacra come regola quello che fino a ieri ripudiava come errore, non va esente dalle stranezze, proprie dei dittatori. Talvolta mette il pronome là dove, a filo di logica, non sarebbe necessario; talaltra sopprime l'aggettivo interrogativo, ritenendo sufficiente il tono, il *flatus vocis*. Sbraitino pure le grammatiche contro il popolaresco «a me mi piace»: fior di scrittori l'adoperano imperterriti, non rinunciando alla tensione enfatica, alla carica affettiva e polemica racchiusa nella ripetizione. Luciano Satta, con la consúeta arguzia, distingue tre gradi d'intensità: *mi* piace Teresa, *a me* piace Teresa, *a me mi* piace Teresa. E per scoraggiare i possibili rivali, ne aggiunge un quarto: Teresa piace *a me*.

Cade in una ripetizione anche il marito, quando urla alla moglie:

La camicia *la* voglio stirata

frase più energica dell'altra

Voglio stirata la camicia;

tuttavia si consiglia di usare parcamente queste ripetizioni, che se troppo frequenti diventano fastidiose. E perfino ambigue. Quando leggiamo:

Il figlio il padre *lo* prese a schiaffi

non si capisce bene chi le dia e chi le prenda. Perciò scriveremo:

Il padre prese a schiaffi il figlio

se siamo in una famiglia di autoritario stampo ottocentesco;

Il figlio prese a schiaffi il padre

se è subentrata la contestazione giovanile.

Anche il *ne* contribuisce a questo scialo lessicale. La frase essenziale, ridotta all'osso

> *Che dici* di questo romanzo?

diventa

> *Che ne dici* di questo romanzo?

Dove il *ne* è pleonastico, ma còme tutte le cose superflue è considerato, anche da illustri autori, più indispensabile del necessario.

Al contrario, un'improvvisa parsimonia del già citato dittatore sottrae all'interrogativo *che cosa* l'aggettivo *che*, cosicché la frase

> *Che cosa* hai fatto?

si accorcia in

> *Cosa* hai fatto?

lasciando l'ufficio d'inquisitore alla parola *cosa*, che di per sé non interroga un bel niente. Se questo modello avrà dei seguaci (li avrà, li avrà), non domanderemo più

> *Che* libro stai leggendo?

bensì

> Libro stai leggendo?

A simili domande, la risposta è una sola: *boh*!

Con i verbi servili (potere, dovere, volere) il pronome si può accoppiare al servile o all'infinito:

io non devo amar*lo*, io non *lo* devo amare
tu non puoi lasciar*la*, tu non *la* puoi lasciare.

Se c'è il verbo *fare*, il pronome si congiunge a questo, non all'infinito.

gli faccio vedere (non: faccio veder*gli*)
le feci parlare (non: feci parlar*le*).

Nelle esclamazioni il pronome personale prende la forma del complemento, non del soggetto:

te beato! povero *me*! (non: *tu* beato! povero *io*!)

Lo stesso dicasi quando il pronome personale è predicato dei verbi *essere*, *sembrare*, *parere*:

io non sono *te* (non: io non sono *tu*)
tu non sei *me* (non: tu non sei *io*)

Eccezione: *io* non sono *io*.

Si noti la frase:

Morto *io* (oppure morto *me*), gli altri si arrangeranno

dove le due forme sono indifferenti, purché il pronome sia soggetto. Se invece è complemento oggetto, vuole la forma del complemento:

Interrogato *me*, l'insegnante spiegò la lezione.

Abbiamo visto che dai sei pronomi di persona derivano sei aggettivi e pronomi possessivi: *mio*, *tuo*, *suo*, *nostro*, *vostro*, *loro*. A questi va aggiunto un settimo aggettivo, *proprio*, necessario in qualche caso per evitare confusioni.

Se dico:

Carlo presta a Mario la *sua* auto

si capisce che è di Carlo. Ma se dico:

Carlo saluta Mario e sale sulla *sua* auto

nasce il dubbio: l'auto è di Carlo o di Mario? Per fugare ogni incertezza e far capire che l'auto è di Carlo, dirò:

Carlo saluta Mario e sale sulla *propria* auto.

Il pronome relativo *che, il quale* ecc. istituisce una relazione, un collegamento tra due proposizioni, facendo, nella seconda, le veci di un nome contenuto nella prima:

La città, che abbiamo visitato, è molto bella.

Osserviamo le metamorfosi di *che*:

— pronome relativo: il pane *che* hai mangiato
— pronome interrogativo: *che* fai?
— aggettivo interrogativo: *che* ora è?
— aggettivo esclamativo: *che* uomo! *che* bella giornata!

La nota regola, che impone all'aggettivo di appoggiarsi a un sostantivo, non viene violata allorquando diciamo *che bello*, intendendosi non *bello* aggettivo, ma sostantivato, vale a dire *il bello, la bellezza*.

— congiunzione comparativa: è più intelligente *che* studioso
— congiunzione imperativa: *che* nessuno si muova.
— congiunzione finale: guardava *che* non fuggissero.
— congiunzione causale: godo *che* tu sia guarito.

— congiunzione consecutiva: era così forte *che* vinse.
— congiunzione dichiarativa: penso *che* pioverà.

Si consiglia di evitare, come brutto francesismo che appesantisce la frase, il costrutto

> *È* per questo *che* ti voglio bene

e l'altro, egualmente divagante e contorto, oggi in gran voga

> Non *è che* io sia esperto di queste faccende.

È molto più svelto ed efficace dire:

> Per questo ti voglio bene.
> Non sono esperto di queste cose.

Nessuna obiezione contro la costruzione *è... che*, in funzione personale:

> *È lui che* ti ha salvato.

Chiunque è usato soltanto al singolare ed ha fondamentalmente valore di pronome relativo indefinito, col significato di «ogni persona che». Di solito regge il congiuntivo:

> Chiunque tu *sia*, ti aiuterò
> Può entrare chiunque lo *voglia*.

ma lo si trova anche con l'indicativo:

> Chiunque afferma questo, *è* un mentitore.

Nel valore di pronome indefinito, ha il significato di «ognuno»:

> Un problemino così facile lo risolverebbe *chiunque*

uso deplorato dalle vecchie grammatiche, contrarie al *chiunque* in funzione non relativa. Perciò suggeriscono:

Un problemino così facile lo risolverebbe *chicchessia*

pronome antiquato, di uso letterario, praticamente estromesso dal parlare corrente.

Qualunque è aggettivo indefinito invariabile, significa «quale che sia» e può essere preceduto dall'articolo:

Aspettavo *un* qualunque tuo cenno.

Posposto al nome, assume una connotazione spregiativa o riduttiva:

Era un medico *qualunque*.

Con valore relativo, e perciò seguito da proposizione, regge il congiuntivo:

Qualunque cosa lui *faccia*, sbaglia.

Qualunque non tollera di essere seguito da *che*. La frase

Qualunque cosa *che* Mario dica, non gli credo

ha un *che* di troppo.

Oltre a *chiunque* e *qualunque*, vogliono il congiuntivo *comunque* e *quantunque*, così recita un'antica regoletta. E se non reggono una proposizione e sono usate in senso assoluto? Allora, sempre secondo le vecchie e poco obbedite grammatiche, invece di

Partiremo *comunque*

sarà più corretto dire:

Partiremo *in ogni caso*

e la frase

Lo trovi *dovunque*

diventerà

Lo trovi *dappertutto*.

Secondo il Devoto-Oli, *dovunque* al posto di *dappertutto* è usato «impropriamente». Opinione condivisa dal Migliorini.

Niente, nulla, nessuno vogliono il *non*, se seguono il verbo:

Non feci *niente* di male, *non* mi disse *nulla*, *non* entrò *nessuno*.

Se lo precedono, rifiutano il *non*:

Niente di male feci, *nulla* mi disse, *nessuno* entrò.

VIII

In principio era il verbo

Ogni comunicazione umana, parlata o scritta, ruota attorno a un verbo. Senza di esso non si potrebbe parlare né pensare. Si arresterebbe ogni attività della mente. Talvolta è sottinteso, ma non per questo è meno presente. Come in teatro il suggeritore: non si vede, ma c'è. E si fa sentire.

«Chi ha ucciso Cesare?»

«Bruto [sottinteso: lo uccise].»

«Quando partirai?»

«Domani [sottinteso: partirò].»

Una proposizione può essere priva del soggetto, del complemento, mai del verbo. In *nevica* manca il soggetto, essendo verbo impersonale, ma il verbo c'è. Senza di esso, tutti gli altri elementi della grammatica (articolo, nome, pronome, aggettivo, preposizione, congiunzione, avverbio, interiezione) sarebbero pezzi inutili, inservibili, come un'auto priva di motore.

Di tutte le parti *variabili* del discorso (le altre sono: articolo, nome, pronome, aggettivo) è la più variabile: 94 forme attive, 94 passive, 21 tempi, 7 modi. I verbi si dividono in transitivi e intransitivi. Una famosa novella di Alfredo Panzini racconta d'uno scolaro disperatamente incapace di distinguere la differenza tra i verbi transitivi, dove l'azione del soggetto transita, passa sull'oggetto, e gli intransitivi, dove l'azione non passa. Questa sordità grammaticale non gli impedì, diventato adulto, di affermarsi come agguerrito commerciante di frutta, guadagnando molto più del suo ex professore, dotato d'un finissimo orecchio grammaticale, ma totalmente negato agli affari. Tuttavia all'ex alunno rimase sempre un rovello, legato agli indistruttibili ricordi di scuola: i verbi transitivi sono quelli che passano?

Cerchiamo di spiegarci con un esempio terra terra. Nome e verbo, uniti insieme, formano una coppia di parole. Come tra gli uomini esistono coppie prolifiche e coppie sterili, così in grammatica, accoppiando un soggetto ed un verbo, può talvolta nascere un complemento oggetto, talvolta no. Dipende dal verbo. Se questo è transitivo, l'azione esce e si riversa su una persona, animale, cosa, come per esempio in:

Luigi legge il libro

dove il libro è l'oggetto della lettura fatta da Luigi; e come il figlio è il frutto, la realizzazione concreta dell'unione padre + madre, così il complemento oggetto dà senso concreto, compiuto, all'unione soggetto + verbo.

Se invece dico:

Luigi dorme

l'azione del verbo resta chiusa nel soggetto, non si estrinseca generando un complemento oggetto. Per tornare al paragone iniziale, è una coppia sterile.

Il verbo transitivo può presentarsi in tre forme: attiva, passiva, riflessiva.

Nella forma *attiva* il soggetto compie l'azione:

Il contadino raccoglie il grano

nella forma *passiva* il soggetto la subisce:

Il grano è raccolto dal contadino

sicché potremmo dire, con linguaggio matematico, che invertendo i fattori il prodotto non cambia. Però cambia la forma: il grano, che prima era complemento oggetto, diventa soggetto. Superfluo aggiungere che il passivo si può fare solo con i verbi transitivi, perché soltanto essi hanno il complemento oggetto.

Andare, correre, nascere, ecc. essendo intransitivi, non possono avere la forma passiva. E le forme del passato prossimo

io sono andato, io sono corso, io sono nato

sono attive, anche se l'ausiliare *essere* può ingannarci nel senso contrario.

Nella forma *riflessiva* il soggetto fa e subisce l'azione:

io mi lavo, tu ti lodi, egli si esalta

in altre parole, soggetto e oggetto coincidono.

I verbi sono raggruppati in tre coniugazioni: la prima in *-are*, la seconda in *-ere*, la terza in *-ire*, oltre agli ausiliari *essere* e *avere*:

CONIUGAZIONE DEL VERBO *ESSERE*

INDICATIVO

Presente		Passato prossimo		
io	sono	io	sono	stato
tu	sei	tu	sei	stato
egli	è	egli	è	stato
noi	siamo	noi	siamo	stati
voi	siete	voi	siete	stati
essi	sono	essi	sono	stati

Imperfetto		Trapassato prossimo		
io	ero	io	ero	stato
tu	eri	tu	eri	stato
egli	era	egli	era	stato
noi	eravamo	noi	eravamo	stati
voi	eravate	voi	eravate	stati
essi	erano	essi	erano	stati

Passato remoto		Trapassato remoto		
io	fui	io	fui	stato
tu	fosti	tu	fosti	stato
egli	fu	egli	fu	stato
noi	fummo	noi	fummo	stati
voi	foste	voi	foste	stati
essi	furono	essi	furono	stati

Futuro semplice		Futuro anteriore		
io	sarò	io	sarò	stato
tu	sarai	tu	sarai	stato
egli	sarà	egli	sarà	stato
noi	saremo	noi	saremo	stati
voi	sarete	voi	sarete	stati
essi	saranno	essi	saranno	stati

CONGIUNTIVO

Presente			Passato			
che	io	sia	che	io	sia	stato
che	tu	sia	che	tu	sia	stato
che	egli	sia	che	egli	sia	stato
che	noi	siamo	che	noi	siamo	stati
che	voi	siate	che	voi	siate	stati
che	essi	siano	che	essi	siano	stati

Imperfetto			Trapassato			
che	io	fossi	che	io	fossi	stato
che	tu	fossi	che	tu	fossi	stato
che	egli	fosse	che	egli	fosse	stato
che	noi	fossimo	che	noi	fossimo	stati
che	voi	foste	che	voi	foste	stati
che	essi	fossero	che	essi	fossero	stati

CONDIZIONALE

Presente		Passato		
io	sarei	io	sarei	stato
tu	saresti	tu	saresti	stato
egli	sarebbe	egli	sarebbe	stato
noi	saremmo	noi	saremmo	stati
voi	sareste	voi	sareste	stati
essi	sarebbero	essi	sarebbero	stati

IMPERATIVO

Presente
—
sii
sia
siamo
siate
siano

INFINITO

Presente	Passato
essere	essere stato

PARTICIPIO

Presente	Passato
(ente)	stato

GERUNDIO

Presente	Passato
essendo	essendo stato

CONIUGAZIONE DEL VERBO *AVERE*

INDICATIVO

Presente		Passato prossimo		
io	ho	io	ho	avuto
tu	hai	tu	hai	avuto
egli	ha	egli	ha	avuto
noi	abbiamo	noi	abbiamo	avuto
voi	avete	voi	avete	avuto
essi	hanno	essi	hanno	avuto

Imperfetto		Trapassato prossimo		
io	avevo	io	avevo	avuto
tu	avevi	tu	avevi	avuto
egli	aveva	egli	aveva	avuto
noi	avevamo	noi	avevamo	avuto
voi	avevate	voi	avevate	avuto
essi	avevano	essi	avevano	avuto

Passato remoto		Trapassato remoto		
io	ebbi	io	ebbi	avuto
tu	avesti	tu	avesti	avuto
egli	ebbe	egli	ebbe	avuto
noi	avemmo	noi	avemmo	avuto
voi	aveste	voi	aveste	avuto
essi	ebbero	essi	ebbero	avuto

Futuro semplice		Futuro anteriore		
io	avrò	io	avrò	avuto
tu	avrai	tu	avrai	avuto
egli	avrà	egli	avrà	avuto
noi	avremo	noi	avremo	avuto
voi	avrete	voi	avrete	avuto
essi	avranno	essi	avranno	avuto

CONGIUNTIVO

Presente			Passato			
che	io	abbia	che	io	abbia	avuto
che	tu	abbia	che	tu	abbia	avuto
che	egli	abbia	che	egli	abbia	avuto
che	noi	abbiamo	che	noi	abbiamo	avuto
che	voi	abbiate	che	voi	abbiate	avuto
che	essi	abbiano	che	essi	abbiano	avuto

Imperfetto			Trapassato			
che	io	avessi	che	io	avessi	avuto
che	tu	avessi	che	tu	avessi	avuto
che	egli	avesse	che	egli	avesse	avuto
che	noi	avessimo	che	noi	avessimo	avuto
che	voi	aveste	che	voi	aveste	avuto
che	essi	avessero	che	essi	avessero	avuto

CONDIZIONALE

Presente		Passato		
io	avrei	io	avrei	avuto
tu	avresti	tu	avresti	avuto
egli	avrebbe	egli	avrebbe	avuto
noi	avremmo	noi	avremmo	avuto
voi	avreste	voi	avreste	avuto
essi	avrebbero	essi	avrebbero	avuto

IMPERATIVO

Presente	Futuro
—	
abbi	
abbia	
abbiamo	
abbiate	
abbiano	

INFINITO

Presente	Passato
avere	avere avuto

PARTICIPIO

Presente	Passato
avente	avuto

GERUNDIO

Presente	Passato
avendo	avendo avuto

LE TRE CONIUGAZIONI REGOLARI
AMARE - TEMERE - SERVIRE

Forma attiva

INDICATIVO		
PRESENTE		
io amo	temo	servo
tu ami	temi	servi
egli ama	teme	serve
noi amiamo	temiamo	serviamo
voi amate	temete	servite
essi amano	temono	servono
IMPERFETTO		
io amavo	temevo	servivo
tu amavi	temevi	servivi
egli amava	temeva	serviva
noi amavamo	temevamo	servivamo
voi amavate	temevate	servivate
essi amavano	temevano	servivano
PASSATO REMOTO		
io amai	temei	servii
tu amasti	temesti	servisti
egli amò	temé	servì
noi amammo	tememmo	servimmo
voi amaste	temeste	serviste
essi amarono	temerono	servirono
FUTURO		
io amerò	temerò	servirò
tu amerai	temerai	servirai
egli amerà	temerà	servirà
noi ameremo	temeremo	serviremo
voi amerete	temerete	servirete
essi ameranno	temeranno	serviranno

PASSATO PROSSIMO

io	ho amato	temuto	servito
tu	hai amato	temuto	servito
egli	ha amato	temuto	servito
noi	abbiamo amato	temuto	servito
voi	avete amato	temuto	servito
essi	hanno amato	temuto	servito

TRAPASSATO PROSSIMO

io	avevo amato	temuto	servito
tu	avevi amato	temuto	servito
egli	aveva amato	temuto	servito
noi	avevamo amato	temuto	servito
voi	avevate amato	temuto	servito
essi	avevano amato	temuto	servito

TRAPASSATO REMOTO

io	ebbi amato	temuto	servito
tu	avesti amato	temuto	servito
egli	ebbe amato	temuto	servito
noi	avemmo amato	temuto	servito
voi	aveste amato	temuto	servito
essi	ebbero amato	temuto	servito

FUTURO ANTERIORE

io	avrò amato	temuto	servito
tu	avrai amato	temuto	servito
egli	avrà amato	temuto	servito
noi	avremo amato	temuto	servito
voi	avrete amato	temuto	servito
essi	avranno amato	temuto	servito

CONGIUNTIVO

PRESENTE

che io	ami	tema	serva
che tu	ami	tema	serva
che egli	ami	tema	serva
che noi	amiamo	temiamo	serviamo
che voi	amiate	temiate	serviate
che essi	amino	temano	servano

IMPERFETTO

che io	amassi	temessi	servissi
che tu	amassi	temessi	servissi
che egli	amasse	temesse	servisse
che noi	amassimo	temessimo	servissimo
che voi	amaste	temeste	serviste
che essi	amassero	temessero	servissero

PASSATO

che io	abbia amato	temuto	servito
che tu	abbia amato	temuto	servito
che egli	abbia amato	temuto	servito
che noi	abbiamo amato	temuto	servito
che voi	abbiate amato	temuto	servito
che essi	abbiano amato	temuto	servito

TRAPASSATO

che io	avessi amato	temuto	servito
che tu	avessi amato	temuto	servito
che egli	avesse amato	temuto	servito
che noi	avessimo amato	temuto	servito
che voi	aveste amato	temuto	servito
che essi	avessero amato	temuto	servito

CONDIZIONALE

io	amerei	temerei	servirei
tu	ameresti	temeresti	serviresti
egli	amerebbe	temerebbe	servirebbe
noi	ameremmo	temeremmo	serviremmo
voi	amereste	temereste	servireste
essi	amerebbero	temerebbero	servirebbero

PASSATO

io	avrei amato	temuto	servito
tu	avresti amato	temuto	servito
egli	avrebbe amato	temuto	servito
noi	avremmo amato	temuto	servito
voi	avreste amato	temuto	servito
essi	avrebbero amato	temuto	servito

IMPERATIVO · INFINITO

—	—	—	
ama	temi	servi	
ami	tema	serva	
amiamo	temiamo	serviamo	
amate	temete	servite	
amino	temano	servano	

IMPERATIVO

— — —
ama temi servi
ami tema serva
amiamo temiamo serviamo
amate temete servite
amino temano servano

INFINITO

PRESENTE

amare   temere   servire

PASSATO

avere
amato   temuto   servito

PARTICIPIO · GERUNDIO

PARTICIPIO

PRESENTE

amante   temente   servente

GERUNDIO

PRESENTE

amando   temendo   servendo

PASSATO

avendo
amato   temuto   servito

Nelle tre coniugazioni regolari la *forma passiva* è uguale - Basterà pertanto dare quella del verbo *AMARE*

INDICATIVO

Presente			Passato prossimo			
io	sono	amato	io	sono	stato	amato
tu	sei	amato	tu	sei	stato	amato
egli	è	amato	egli	è	stato	amato
noi	siamo	amati	noi	siamo	stati	amati
voi	siete	amati	voi	siete	stati	amati
essi	sono	amati	essi	sono	stati	amati

Imperfetto			Trapassato prossimo			
io	ero	amato	io	ero	stato	amato
tu	eri	amato	tu	eri	stato	amato
egli	era	amato	egli	era	stato	amato
noi	eravamo	amati	noi	eravamo	stati	amati
voi	eravate	amati	voi	eravate	stati	amati
essi	erano	amati	essi	erano	stati	amati

Passato remoto			Trapassato remoto			
io	fui	amato	io	fui	stato	amato
tu	fosti	amato	tu	fosti	stato	amato
egli	fu	amato	egli	fu	stato	amato
noi	fummo	amati	noi	fummo	stati	amati
voi	foste	amati	voi	foste	stati	amati
essi	furono	amati	essi	furono	stati	amati

Futuro semplice			Futuro anteriore			
io	sarò	amato	io	sarò	stato	amato
tu	sarai	amato	tu	sarai	stato	amato
egli	sarà	amato	egli	sarà	stato	amato
noi	saremo	amati	noi	saremo	stati	amati
voi	sarete	amati	voi	sarete	stati	amati
essi	saranno	amati	essi	saranno	stati	amati

CONGIUNTIVO

Presente		Passato		
che io sia	amato	che io sia	stato	amato
che tu sia	amato	che tu sia	stato	amato
che egli sia	amato	che egli sia	stato	amato
che noi siamo	amati	che noi siamo	stati	amati
che voi siate	amati	che voi siate	stati	amati
che essi siano	amati	che essi siano	stati	amati

Imperfetto		Trapassato		
che io fossi	amato	che io fossi	stato	amato
che tu fossi	amato	che tu fossi	stato	amato
che egli fosse	amato	che egli fosse	stato	amato
che noi fossimo	amati	che noi fossimo	stati	amati
che voi foste	amati	che voi foste	stati	amati
che essi fossero	amati	che essi fossero	stati	amati

CONDIZIONALE

Presente		Passato		
io sarei	amato	io sarei	stato	amato
tu saresti	amato	tu saresti	stato	amato
egli sarebbe	amato	egli sarebbe	stato	amato
noi saremmo	amati	noi saremmo	stati	amati
voi sareste	amati	voi sareste	stati	amati
essi sarebbero	amati	essi sarebbero	stati	amati

IMPERATIVO

Presente	
—	
sii	amato
sia	amato
siamo	amati
siate	amati
siano	amati

INFINITO

Presente	Passato
essere amato	essere stato amato

PARTICIPIO

Presente	Passato
—	amato

GERUNDIO

Presente	Passato
essendo amato	essendo stato amato

Alcuni verbi, pur derivando dallo stesso tema, appartengono a due coniugazioni e si chiamano *sovrabbondanti*, senza tuttavia mutare il significato: dimagrare e dimagrire, scolorare e scolorire, compiere e compire, riempiere e riempire. Ci sono poi dei *sovrabbondanti* che mutano di significato, come arrossare («il sangue dei caduti arrossò il Piave») e arrossire («la ragazza arrossì per la vergogna»), imboschire («la guardia forestale imboschì cento ettari di montagna») e imboscare («si era imboscato per non fare il servizio militare»), abbonare («mi sono abbonato alla Scala») e abbonire («il bimbo fu abbonito con una caramella»), abbrunare («sono state abbrunate le bandiere in segno di lutto») e abbrunire («il gran sole mi ha abbrunito la pelle»), sfiorire («la sua bellezza è già sfiorita») e sfiorare («abbiamo sfiorato una sciagura»).

Per coniugare i verbi, sovrabbondanti e no, ci serviamo di *essere* e *avere*, chiamati ausiliari, dal latino *auxilium*, aiuto, senza i quali i verbi farebbero poca strada nell'intricata selva della coniugazione. Servitori perfetti, gli ausiliari prestano aiuto, ma non ne chiedono mai, e quando devono a loro volta coniugare se stessi, dimostrano una totale autosufficienza improvvisandosi ausiliari di se stessi. Il passato prossimo di *amare* è *io ho amato*, quello di *avere* è *io ho avuto*. Altrettanto dicasi di *essere*: presente *io sono*, passato prossimo *io sono stato*, futuro *io sarò*, futuro anteriore *io sarò stato*.

Un terzo ausiliare, di fatto se non di diritto, è *venire*, adoperato al posto di *essere*, con una sottile sfumatura. Se dico:

Il muro è dipinto

metto in risalto il fatto compiuto, la dipintura già avvenuta.

Se invece dico:

Il muro viene dipinto

sottolineo il fatto nel suo divenire, come se il muro lo stessero dipingendo mentre parliamo.

Oltre agli ausiliari, prestano servizio alla corte di Sua Maestà il Verbo i servili *potere*, *dovere*, *volere*, che accompagnati da un infinito rinunciano al loro consueto ausiliare, per assumere quello voluto dall'infinito. *Potere*, da solo, richiede l'ausiliare *avere*:

ho potuto, *avevo* potuto

ma accompagnato dal verbo *partire* o da altri verbi che vogliono l'ausiliare *essere*, si conforma docilmente alla loro volontà e in conseguenza diremo:

non *sono potuto* partire, non *ero potuto* tornare.

Lo stesso vale per *dovere* e *volere* (in teoria, perché nella pratica molti scrittori, anche autorevoli, usano l'ausiliare *avere*).

Con i verbi riflessivi, con i reciproci (che indicano azione scambievole) e con i pronominali (in simbiosi con le particelle *mi*, *ti*, *ci*, *si*, *vi*) occorre l'ausiliare *essere*:

io mi *sono* lavato, voi vi *siete* scambiati dei doni, noi ci *siamo* pentiti.

Il transitivo attivo vuole l'ausiliare *avere*: *ho amato*. Il passivo vuole l'ausiliare *essere*: *sono amato*.

Per l'intransitivo la cosa si complica, non esistendo regole fisse è prudente consultare il vocabolario. Di solito vogliono *avere* i verbi di moto, inteso in senso assoluto, senza determinazione di meta, di direzione:

> *ho* corso per un'ora, *ho* volato col jet.

Se invece il moto è inteso come spostamento preciso da un punto all'altro dello spazio, ausiliare *essere*:

> *son* corso a casa, *sono* volato a Parigi.

Pertanto nei necrologi converrà essere rigorosi e scrivere: «Ieri sera, dopo lunga malattia serenamente sopportata, *è volata* in cielo l'anima eletta del cav. Mario Rossi», perché se scrivessimo «*ha volato* in cielo» si potrebbe intendere che san Pietro l'ha lasciata volare a lungo tra le nubi, senza aprirle la porta.

I verbi della meteorologia usano entrambi gli ausiliari:

> *ha* piovuto, *è* piovuto, *era* nevicato, *aveva* nevicato.

Alcuni usano *avere* se il soggetto è animato, *essere* se il soggetto è una cosa:

hanno suonato alla porta, *è* suonata la campana, il ciclista *ha* cessato di correre, *è* cessata la battaglia.

Con *naufragare*, si dice:

> la nave *è* naufragata, la nave *ha* naufragato

senza alcuna differenza, la nave va a fondo in ogni caso.

Alcuni verbi, mutando l'ausiliare, mutano significato:

ha spirato un vento gelido, il ferito *è spirato* all'ospedale,
abbiamo convenuto che hai ragione tu, al comizio *erano convenuti* molti operai.

E il participio passato, si concorda sempre col soggetto? A questo ricorrente interrogativo si risponde con una larga libertà di scelta. Nei riflessivi apparenti (le particelle *mi, ti, ci, si, vi* in funzione di complemento di vantaggio) e nei reciproci il participio passato può concordare anche con il complemento oggetto:

egli si è *bevuto* una bottiglia, egli si è *bevuta* una bottiglia,
i nemici si sono *dati* la mano, i nemici si sono *data* la mano.

Nei transitivi attivi, doppia possibilità di concordanza:

non abbiamo *studiato* la poesia, non abbiamo *studiata* la poesia.

Se il complemento oggetto precede, esso attrae il participio:

la poesia non l'abbiamo *studiata*.

Si può dire: «i libri che ho *letto*» e «i libri che ho *letti*» (sull'esempio di Dante perduto nella selva selvaggia: «Dirò de l'altre cose ch'io v'ho scorte»).
I verbi in *-ciare, -sciare, -giare* perdono la vocale *i* quando la desinenza comincia con *i* e con *e*. Pertanto il futuro di *lasciare* è:

io lasc-erò

bastando la *e* della desinenza *-erò* ad addolcire la consonante *c*. Però all'imperfetto scriveremo:

io lasc-i-avo

altrimenti, senza la *i*, pronunceremmo *io lascavo*.

I verbi in -*gnare* hanno seminato, con la controversa desinenza in -*gniamo* e -*gnamo*, fiere discordie fra gli specialisti, alcuni dei quali suggeriscono di sopprimere la *i* e scrivere:

noi accompagnamo, noi sognamo

altri la difendono a spada tratta. Che fare? Forse è meglio conservarla, non fosse altro per evitare che, una volta codificata la sua sparizione dai verbi in -*gnare*, essa venga ufficialmente bandita, per analogia, anche da tutti gli altri verbi, sotto l'incalzare dei dialetti che, al presente indicativo di *stare*, dicono *stemo* e *stamo* per *stiamo*. Se non difendiamo questa *i* pericolante, non passeranno molte generazioni che gli alunni in classe coniugheranno il verbo amare in nuova versione: io amo, tu ami, egli ama, noi *amamo*...

A questo riguardo è stata formulata una salomonica proposta: si dica *accompagnamo* per il presente indicativo, e *accompagniamo* per il presente congiuntivo. Anche nel misericordioso intento di rammentare agli «utenti dell'alfabeto» l'esistenza e, diciamo pure, i diritti del povero congiuntivo, modo verbale negletto, che molti, moltissimi vogliono morto.

IX

Morte del congiuntivo

C'era una volta il congiuntivo. Incubo degli scolari, idolo dei pedanti, fiore all'occhiello dell'epistolografia amorosa, a tutti i livelli, compreso il *Segretario galante*. («Gentile signorina, sebbene Ella non se ne sia accorta, io la seguo da tempo; e qualora nel suo cuore albergasse un sentimento che oserei sperare di simpatia verso di me, sappia che la mia più viva aspirazione è dimostrarle quanto io l'ami e la desideri dal profondo del cuore, pur non ignorando quanto la sua signora madre, per anacronistici motivi di differenza sociale, tuttora mi eviti, mi detesti e mi disprezzi.») Nei salotti i ben pensanti e i ben parlanti tremavano nell'affrontare la desinenza d'un congiuntivo, sbagliarla era una gaffe imperdonabile, peggio che indossare scarpe marrone con lo smoking. È noto lo scherzo notturno fatto da un amico buontempone a Basilio Puoti, l'intransigente purista napoletano, maestro di Francesco De Sanctis, il quale brontolava che le cose sotto i Borboni andavano male perché la gente non conosceva l'uso corretto dei verbi. L'amico andò a bussare alla porta del Puoti, questi mezzo assonnato s'affacciò alla finestra, a domandare che cosa desiderava. «Vorrei che tu ti alzi» gridò l'amico dopo essersi fatto riconoscere. «Sciagurato,» esclamò il purista «che tu ti alzassi, si deve dire, che tu ti alzassi!» La profanazione della sintassi l'aveva indignato più che l'essere stato svegliato nel cuor della notte.

Basilio Puoti è morto senza lasciare successori, tranne quelli che nel Meridione, tralignando, dicono *Si accomodasse.* invece di *Si accomodi*. A cent'anni di distanza è morto anche il congiuntivo, ucciso da quegli strumenti di comunicazione che in anglo-latino si chiamano mass media e in italiano mezzi di massa. Roma è la capitale del cinema, che fatalmente risente del romanesco, nemico dichiarato del congiuntivo. Così nei film sono frequenti dialoghi del tipo:

« Desidero che mi *dici* la verità. »
« È inutile che *insisti*, te l'ho già detta. »
« Non vorrei che mi *prendi* in giro. »

(In buon italiano: *che tu mi dica... che tu insista... che tu mi prendessi.*) Al confronto, possiedono orecchio da cruscanti i clown che all'ingresso del circo esortano: «Venghino, venghino, signori», o il posteggiatore abusivo che, teleguidando a gesti il pilota in retromarcia, incita: «Vadi pure, dottò, vadi pure!». Questi almeno, se sbaglia la desinenza del congiuntivo, ne avverte confusamente l'esigenza.

Ma è proprio un'esigenza assoluta? Certi linguisti sono più lassisti del posteggiatore abusivo. «Molti miei colleghi, storici della lingua, quando parlano non usano più il congiuntivo,» ha dichiarato a un convegno bolognese, con un sorriso di sconforto, Giovanni Nencioni, presidente dell'Accademia della Crusca, «lo uso io, perché sono un vegliardo.» E così l'italiano, guarito dalla «congiuntivite» ottocentesca, tende a privilegiare, per usare una parola di moda, il modo indicativo. La distinzione classica tra il congiuntivo, arduo sentiero per esprimere il dubbio, la possibilità, l'irrealtà, l'esortazione, cioè la sfera delle opinioni soggettive, delle azioni non certe; e l'indicativo, strada maestra della realtà oggettiva, delle azioni certe, va scomparendo. Specialmente nel parlato. Pochi ascoltano le vecchie grammatiche che invitavano a dire: «Credo che Dio esiste» all'indicativo, poiché si tratta d'una certezza; e «credo che loro sbaglino», poiché si tratta d'un'opinione.

La tendenza a semplificare ha fatto altre vittime, proprio in seno all'indicativo. Una di queste è il trapassato remoto (*io ebbi amato*), vagamente melodrammatico, perciò frequente nei vecchi romanzi d'appendice. Anche il passato remoto (*amai*) ha la vita difficile dappertutto, tranne in Sicilia, insidiato dal più cronachistico e confidenziale passato prossimo (*ho amato*). Che è un quasi-presente, il passato di ieri mattina. Così si depauperano le capacità espressive del verbo, gli si toglie profondità prospettica.

Anche il futuro anteriore è finito in soffitta. Indica un'azione futura, ma anteriore rispetto ad un'altra pure futura:

Quando *sarò arrivato*, ti *telefonerò*

dicono i grammatici, e dice il buon senso. Ma la fretta odierna non coglie la sfumatura e dice:

Quando *arriverò*, ti *telefonerò*

o addirittura:

Quando *arrivo*, ti *telefono*

spostando arbitrariamente al presente due azioni future. Ma l'uso è sovrano e come tutti i re, per legge, non è responsabile di quello che fa. Non è finita. Nei titoli di giornale, per una ragione tecnica (brevità grafica) e una deformazione professionale (ansia di catturare e archiviare il futuro) si mette al passato un'azione ancora a venire, e si titola:

Ritirati domani i soldati dal Libano

dove un fatto non ancora accaduto, la partenza delle truppe, è annunciato mediante un participio passato. Come se già appartenesse alla cronaca (o addirittura alla storia).

Torniamo al congiuntivo, la vittima più illustre di questo inarrestabile livellamento verbale. Il congiuntivo è, in teoria, un pilastro della sintassi, cioè di quelle regole che tra l'altro governano i rapporti tra la proposizione reggente e le proposizioni dipendenti. La sintassi, che sta alla morfologia come la casa sta ai mattoni, dice che ad un tempo principale nella reggente corrisponde, di solito, un tempo principale nella dipendente; ad un tempo storico, corrisponde un tempo storico.

Tempi *principali* sono: il presente (amo), il futuro semplice (amerò), il futuro anteriore (avrò amato), il passato prossimo (ho amato), tutti dell'indicativo. Inoltre, il presente e il passato del congiuntivo (che io ami, che io abbia amato), e il presente del condizionale (amerei).

Tempi *storici* sono: l'imperfetto (amavo), il passato e il trapassato prossimo (ho amato, avevo amato), il passato e il trapassato remoto (amai, ebbi amato) tutti dell'indicativo; l'imperfetto e il trapassato del congiuntivo (che io amassi, che io avessi amato), il passato del condizionale (avrei amato).

Si noti che il passato prossimo dell'indicativo e il passato del congiuntivo possono essere considerati tanto principali quanto storici. La costruzione del periodo varia secondo la natura della reggente, la quale può esprimere: 1) *certezza*, 2) *incertezza, possibilità, opinione.*

1. LA REGGENTE ESPRIME CERTEZZA

a) Se il suo verbo è al presente indicativo (tempo principale), la dipendente avrà:
— il presente indicativo, qualora l'azione sia contemporanea alla reggente:

> *Sono certo* che Mario *parte*

— il futuro, se indica azione posteriore:

> *Sono certo* che Mario *partirà*

— il passato prossimo, qualora l'azione sia recente, accaduta in un periodo di tempo (settimana, mese, anno, decennio) non ancora trascorso:

Sono certo che Mario *è partito* questa settimana

— il passato remoto, se l'azione è accaduta in un periodo di tempo già concluso:

Sono certo che Mario *partì* la settimana scorsa.

b) Se la reggente ha il verbo all'imperfetto indicativo (tempo storico), la dipendente avrà:
— l'imperfetto indicativo, qualora l'azione sia contemporanea:

Ero certo che *pioveva*

— il condizionale passato, se indica azione posteriore:

Ero certo che *sarebbe piovuto*

— il trapassato prossimo dell'indicativo se l'azione è anteriore:

Ero certo che *era piovuto.*

c) Se la reggente ha il verbo al futuro semplice (tempo principale), la dipendente avrà:
— il futuro semplice, qualora esprima azione contemporanea o posteriore alla reggente:

Ti *riferirò* ciò che *vedrò*

— il futuro anteriore, se l'azione della dipendente, pur essendo futura, avviene prima di quella della reggente:

Ti *riferirò* ciò che *avrò visto*

— il passato prossimo o remoto, se l'azione è già accaduta:

Ti *riferirò* ciò che *ho visto*, ti *riferirò* ciò che *vidi*.

d) Se la reggente è al passato remoto (tempo storico), la dipendente vuole
— l'imperfetto, o il passato remoto dell'indicativo, qualora l'azione sia contemporanea:

Mi accorsi che non mi *capiva*, mi *accorsi* che non mi *capì*

— il condizionale passato, se l'azione è posteriore:

Mi accorsi che non mi *avrebbe capito*

— il trapassato prossimo o il trapassato remoto, se l'azione è anteriore:

Mi accorsi che non mi *aveva capito*, mi *accorsi* che non mi *ebbe capito*.

e) Se la reggente è al passato prossimo o al trapassato prossimo (tempi storici), la dipendente vuole
— l'imperfetto indicativo, qualora sia contemporanea:

Ho saputo che *partiva*, *avevo saputo* che *partiva*

— il trapassato prossimo, se l'azione è anteriore:

Ho saputo che *era partito*, *avevo saputo* che *era partito*

— il condizionale passato, se l'azione è posteriore:

Ho saputo che *sarebbe partito, avevo saputo* che *sarebbe partito.*

2. LA REGGENTE ESPRIME POSSIBILITÀ, IRREALTÀ, OPINIONE

a) Se la reggente ha il verbo al presente indicativo (tempo principale), la dipendente, qualora indichi azione contemporanea o posteriore, vuole il congiuntivo presente:

Spero che Mario *parta*

— il futuro semplice:

Spero che Mario *partirà*

— il congiuntivo passato se l'azione è anteriore:

Spero che Mario *sia partito.*

b) Se la reggente è all'imperfetto indicativo (tempo storico), la dipendente vuole
— l'imperfetto congiuntivo, qualora indichi azione contemporanea:

Temevo che *sbagliassero*

— il trapassato congiuntivo, se l'azione è anteriore:

Temevo che *avessero sbagliato*

— il condizionale passato, se è posteriore:

Temevo che *avrebbero sbagliato.*

c) Se la reggente ha il futuro semplice (tempo principale), la dipendente avrà

96

— il presente congiuntivo, qualora sia contemporanea:

M'*illuderò* che tu *vinca*

— il congiuntivo passato, se l'azione è anteriore:

M'*illuderò* che tu *abbia vinto*.

d) Se la reggente ha il passato remoto (tempo storico), la dipendente, se contemporanea, avrà il congiuntivo imperfetto:

M'*illusi* che mi *amasse*

— il congiuntivo trapassato, se anteriore:

M'*illusi* che mi *avesse amato*

— il condizionale passato, se posteriore:

M'*illusi* che mi *avrebbe amato*.

e) Se la reggente è al passato o al trapassato prossimo (tempi storici), la dipendente avrà l'imperfetto congiuntivo, se indica azione contemporanea:

Mi *sono illuso* che mi *amasse*, mi *ero illuso* che mi *amasse*

— il congiuntivo trapassato, se l'azione è anteriore:

Mi *sono illuso* che mi *avesse amato*, mi *ero illuso* che mi *avesse amato*

— il condizionale passato, se è posteriore:

Mi *sono illuso* che mi *avrebbe amato*, mi *ero illuso* che mi *avrebbe amato*.

Il periodo ipotetico

Il periodo ipotetico risulta dall'unione di due proposizioni, una dipendente e una reggente, la prima delle quali contiene un'ipotesi, una condizione (se...), la seconda la logica conseguenza. L'una si chiama pròtasi (dal greco *pròtasis*, premessa), l'altra apodosi (*apòdosis*, restituzione, esposizione). Si presenta in tre tipi:

1. DELLA REALTÀ, quando l'ipotesi è reale, è sentita come un fatto indubitabile. In tal caso i verbi vanno all'indicativo, stesso tempo:

> Se *fai* questo, *sbagli*; se *farai* questo, *sbaglierai*.

A ben guardare, il *se* potrebbe essere sostituito da *poiché*, *dal momento che*, in altre parole, la premessa, più che una condizione aleatoria, esprime una causa certa.

2. DELLA POSSIBILITÀ, quando l'ipotesi è soltanto possibile, è una condizione che può verificarsi ma non ne siamo sicuri. La protasi va al congiuntivo imperfetto, l'apodosi al condizionale presente:

> Se *vincessi* al totocalcio, mi *comprerei* la macchina.

3. DELLA IRREALTÀ, quando la condizione contenuta nella protasi è irrealizzabile, impossibile. I verbi vanno come al numero 2., se tutto il periodo è riferito al presente:

> Se tu *fossi* nei miei panni, non *parleresti* così.

Quando tutto il periodo è riferito al passato, la protasi vuole il congiuntivo trapassato, l'apodosi il condizionale passato:

Se *avessi vinto* al totocalcio, mi *sarei comprato* la macchina.

Quando l'apodosi è riferita al presente, va al condizionale presente:

Se *avessi dormito*, mi *sentirei* molto meglio.

Attenzione a non confondere congiuntivo e condizionale. Molti dicono:

Se *vincerei* al totocalcio, mi *comprassi* la macchina

cadendo in grave errore, e non meno grave è quello di chi, scandalizzato, corregge:

Se *vincessi*... mi *comprassi*...

X

Difesa della proprietà

Pierino è alle prese con un altro tema: «Ciò che vedi dalla finestra della tua camera». Siccome Pierino odia i temi e ha fretta d'andare a giocare, scrive: «Svolgimento. Dalla finestra della mia camera vedo molte cose», poi chiude il quaderno e corre dagli amici che lo aspettano in giardino. Da un punto di vista, diciamo, filosofico, il tema è svolto, perché la parola *cose* comprende tutto, non esiste vocabolo che meglio di questo abbracci l'universo, con esso indichiamo tutto ciò che è, sia nell'ordine reale, sia nell'ordine ideale. Diciamo: mangiare cose sane (invece di *cibi*), ho molte cose da sbrigare (invece di *faccende*), fu una cosa meravigliosa (*spettacolo*), mi propose una cosa vantaggiosa (*affare*), parla di cose difficili (*argomenti*), hai fatto una cosa vergognosa (*azione*), il profugo scappò con le sue cose (*robe*), circolano molte cose sul tuo conto (*chiacchiere*). Da questo vocabolo tutto-fare abbiamo perfino ricavato un verbo tutto-fare, di uso familiare: *cosare*:

L'elettrauto *cosava* il motorino d'avviamento

per dire che eseguiva un'operazione tecnica, il cui nome gergale non sappiamo o non ricordiamo. *Coso* chiamiamo qualsiasi oggetto di difficile descrizione o definizione. Pertanto da questo punto di vista Pierino, filosofo senza saperlo, non è censurabile. Lo è invece (col rischio di meritarsi un brutto voto) dal punto di vista della buona prosa, la quale ama sì la brevità, purché non danneggi la chiarezza. Modello classico di brevità congiunta alla chiarezza è il già citato «*Veni vidi vici*» di Giulio Cesare.

Altri esempi di epica sintesi ce li offre Garibaldi, col suo grido «*O Roma o morte*» e con l'«*Obbedisco*» telegrafato a Vittorio Emanuele II dopo Bezzecca. «Un pensiero che non può esser detto in poche parole non merita d'esser detto» hanno scritto sul primo numero di «Lacerba» Papini e Palazzeschi.

La chiarezza si raggiunge attraverso la *proprietà*, che consiste nell'indicare le cose col loro nome specifico, non generico, e l'azione del predicato con un verbo pure specifico, rifuggendo da ogni nebulosa approssimazione. La strada che conduce alla *proprietà* è quella analitica, dal generale al particolare. Impegno arduo per i molti italiani che, lessicalmente poveri, dicono *bello* d'un film, d'un romanzo, d'un panorama, d'un oratore, d'un atleta, d'un programma, d'un vestito. Per differenziarsi dal pigro e sbrigativo Pierino, dovrebbero specificare: film interessante, romanzo appassionante, panorama incantevole, oratore avvincente, atleta prestante, programma attraente, vestito elegante.

Se Pierino non avesse quella fretta maledetta, svolgerebbe il tema precisando: «Dalla finestra della mia camera vedo gli alberi del giardino, molti fiori nelle sottostanti aiuole, uccelli che volano in cielo, e di fronte alla finestra il tetto d'una casa». Non è un granché, ma è meglio di prima. Adesso facciamo un altro sforzo sulla via dell'analisi. Pierino ha scritto: *alberi*. Ma di che alberi si tratta? Bisogna precisare se sono abeti, pioppi, platani, querce, noci, frassini, cipressi, salici, tigli, cedri del Libano, ecc.

Poi ha scritto: *fiori*. Quali? Dire se sono rose, gerani, petunie, garofani, ortensie, margherite, dalie, zinnie, azalee, begonie, giaggiuoli, oleandri, peonie, ranuncoli, tulipani, viole, nontiscordardimé. Se non lo sa, Pierino interpelli la mamma, oppure consulti qualche pubblicazione a dispense dedicata al giardinaggio.

Poi ha scritto: *uccelli*. La precisione impone di specificare se sono passeri, rondini, merli, fringuelli, pettirossi, tordi, allodole. Se la mamma è debole in ornitologia, consulti una dispensa di caccia e cacciagione.

A questo punto operiamo la sostituzione dei tre termini generici 1. *alberi*, 2. *fiori*, 3. *uccelli* con termini specifici e scriviamo:
Dalla finestra della mia camera vedo:

1. una quercia, due ciliegi, un salice
2. nelle sottostanti aiuole, garofani, rose e viole
3. e molti passeri che volano nel cielo.

Un altro passo avanti. Com'è la quercia? Maestosa? Ombrosa? Secolare ? I ciliegi sono carichi di frutti? Conviene anche informare il lettore se i garofani sono bianchi o rossi, se le rose sono sbocciate, se le viole sono mammole o del pensiero. A questo punto saremo in grado di scrivere, con maggior dovizia di particolari:

«Dalla finestra della mia camera vedo una maestosa quercia secolare, due ciliegi privi di frutti perché l'annata è stata cattiva, un salice piangente che mi fa tanta malinconia. Nelle sottostanti aiuole scorgo bianchi garofani, rose ancora in boccio e ciuffi di viole mammole, mentre in cielo guizzano [*preferibile a* volano, *per dare l'idea della rapidità*] stormi di passeri.»

Domanda legittima: che cosa cercano i passeri? Cibo. Perciò aggiungeremo, non senza un moto di compassione, «eternamente affamati». Assieme alla vista, i fiori non possono non interessare l'olfatto. Ecco una preziosa occasione per approfondire l'analisi, affrontando il tema degli odori. Qualsiasi dizionario dei sinonimi, alla voce «odore», registra: *profumo, olezzo, fragranza, balsamo, aroma* e, nei contrari, *lezzo, miasma, zaffata, fetore, afrore, puzza.* Non c'è che da scegliere (e turarsi il naso). Trattandosi di garofani, di rose e di viole, Pierino aggiungerà: «esala verso la mia finestra un piacevole olezzo che profuma l'aria»; ma se nelle vicinanze scorre un fiumiciattolo collettore di scarichi industriali, versione tecnologica dei fumiganti letamai dell'antica civiltà contadina, scriverà: «da quella fetida cloaca salgono miasmi irrespirabili, ragion per cui mi affretto a chiudere la finestra, e il tema».

Dimenticavamo l'ultimo inciso: «vedo il tetto d'una casa». Se si sforza di guardar meglio, Pierino su quel tetto vedrà un gatto. Ce n'è uno in ogni tetto, specialmente nei temi scolastici. E la presenza del felino offrirà un eccellente pretesto per sviluppare il discorso, descrivendo le fattezze dell'animale, il colore, la razza, e specificando (dopo la vista e l'olfatto, anche l'udito deve stare all'erta nei compiti) se miagola, soffia, ronfa, fa le fusa.

I versi degli animali

Il gatto miagola, il cane abbaia, latra, guaisce, uggiola, ringhia; il lupo ulula, il cavallo nitrisce, il tordo zirla, il topo e il coniglio squittiscono, il bue muggisce, il leone ruggisce, l'elefante barrisce, la pecora e la capra belano, la rana gracida, la cicala frinisce, la chioccia crocchia, il corvo e la cornacchia gracchiano, il cervo bramisce, il serpente sibila, il tacchino gorgoglia, la zanzara e la mosca ronzano, il gufo gufa, la gallina schiamazza, il pulcino pigola, il gallo canta, il colombo tuba, il pavone stride, il maiale grugnisce, grufola, l'asino raglia. In generale, gli uccelli ciangottano, garriscono e gorgheggiano.

I verbi tutto-fare

Alla proprietà del linguaggio nuocciono, oltre all'abuso della parola *cosa*, onnipresente prezzemolo, anche i verbi tutto-fare che s'intrufolano dappertutto. Uno di questi è il verbo *dire*, che a forza di... dire, è diventato concettualmente afono. Come tutti coloro che parlano troppo, finisce col non dire nulla. Capofamiglia della vasta tribù dei verbi attinenti al concetto di parola, raramente la cede ai suoi numerosi parenti, poveri e negletti: rispondere, replicare, aggiungere, suggerire, proporre, informare, esclamare, dichiarare, comunicare, ribadire, spiegare, arringare, sussurrare, divulgare, spettegolare, argomentare, mormorare, interloquire, apostrofare, riferire, ecc. Molta prosa corrente, a tutti i livelli, dalla portineria al celebrato premio letterario, è costruita sullo squallido modello: «Io gli dissi, allora lui mi disse, ma io non fui persuaso e così gli dissi, al che tutti mi dissero che avevo ragione io». Sciatteria di alfabetizzati in via di sottosviluppo. Il modello da seguire è più articolato e meno noioso:

«È arrivato il treno?» domandò il viaggiatore.

«No, è in forte ritardo» rispose il ferroviere.

«Il solito sciopero?» replicò il viaggiatore.

«No, lavori in corso» ribatté il ferroviere.

Per la non mai abbastanza ribadita utilità di preferire lo specifico al generico:

DIRE

invece di	si scriva
dire una storia	raccontare una storia
dire la verità	dichiarare la verità
dire un peccato	confessare un peccato
dire un'opinione	esprimere un'opinione
dire un segreto	confidare, svelare un segreto
dire una notizia	riferire una notizia
dire una poesia	declamare una poesia
dire un'arringa	pronunciare un'arringa
dire una preghiera	recitare una preghiera
dire il motivo	spiegare, esporre il motivo
dirsi innocenti	proclamarsi, protestarsi innocenti
dire sul proprio onore	giurare sul proprio onore
dire che la terra gira	affermare che la terra gira
disse che sarebbe tornato	assicurò che sarebbe tornato
disse che stava piovendo	annunciò che stava piovendo.

Esempio: «Non ti *dico* un segreto *dicendoti* che non condivido le ragioni *dette* da Mario» si può così migliorare: «Non ti *svelo* un segreto *dichiarandoti* che non condivido le ragioni *spiegate* da Mario».

dare la buona notte	augurare la buona notte
dare la mancia	regalare la mancia
dare un appalto	assegnare un appalto
dare un appuntamento	fissare un appuntamento
dare il permesso	concedere il permesso
dare un nomignolo	appioppare un nomignolo
dare il posto	cedere, assegnare il posto
dare ai poveri	donare ai poveri
dare la vita	sacrificare la vita
dare il veleno	propinare il veleno
dare una nomina	conferire una nomina
dare un incarico	affidare un incarico
dare fuoco	appiccare il fuoco
dare le prove	fornire le prove
dare una medaglia	conferire una medaglia
dare la colpa	attribuire la colpa
dare un ordine	impartire un ordine
dare un nome	imporre un nome
dare una notizia	comunicare, pubblicare una notizia
dare una medicina	somministrare una medicina
dare i sacramenti	amministrare i sacramenti
dare una sentenza	emettere, pronunciare una sentenza
dare un castigo	infliggere un castigo
dare una ricevuta	rilasciare una ricevuta

Esempio: «Avendo l'arrestato *dato* le prove della sua innocenza, il magistrato *diede* ordine di scarcerarlo e subito dopo i giornali *diedero* la notizia». Si può così migliorare: «Avendo l'arrestato *fornito* le prove della sua innocenza, il magistrato *impartì* l'ordine di scarcerarlo e subito dopo i giornali *pubblicarono* la notizia».

fare una casa	fabbricare, costruire una casa
fare un compito	eseguire un compito
fare coraggio	infondere coraggio
far legna	raccogliere legna
fare molto grano	produrre molto grano
fare un mestiere	esercitare un mestiere
fare un ricorso	presentare un ricorso
fare un debito	contrarre un debito
fare un risotto	cucinare un risotto
fare un esame	sostenere, superare un esame
fare i capelli	tagliare i capelli
fare le condoglianze	esprimere le condoglianze
fare la barba	radere la barba
fare la polmonite	contrarre la polmonite
fare una piazza (per i commessi viaggiatori)	visitare una piazza
fare attenzione	prestare attenzione
fare una vittoria	conseguire una vittoria
fare un quadro	dipingere un quadro
fare una statua	scolpire una statua
fare una canzone	comporre una canzone
fare chilometri	percorrere chilometri
fare la maturità	conseguire la maturità
fare una foto	scattare una foto
fare le faccende	sbrigare le faccende
fare un'alleanza	stringere un'alleanza
fare un contratto	stipulare un contratto
fare una commedia	rappresentare, scrivere una commedia
fare il liceo	frequentare il liceo
fare un libro	scrivere un libro
fare l'Everest	scalare l'Everest
fare un errore	commettere un errore
fare una partita	disputare una partita
fare una tela	tessere una tela
fare un'azione	compiere un'azione

fare un discorso	pronunciare un discorso
fare gli auguri	porgere gli auguri
fare un danno	recare un danno
fare un salto	spiccare un salto
far colazione	consumare la colazione
fare un gol	segnare un gol
fare una società	costituire, fondare una società
fare polvere	sollevare polvere
fare un film	girare un film
fare scalpore	suscitare scalpore
fare un'ipotesi	formulare un'ipotesi
fare uno scherzo	giocare uno scherzo

Esempio: «*Fatto* l'esame, abbiamo *fatto* la solita foto di gruppo, dopodiché il preside *ha fatto* un bel discorso d'addio» è una frase che va modificata così: «*Superato* l'esame, abbiamo *scattato* la solita foto di gruppo, dopodiché il preside *ha pronunciato* un bel discorso d'addio».

TAGLIARE

tagliare una gamba	amputare una gamba
tagliare il salame	affettare il salame
tagliare il fieno	falciare il fieno
tagliare l'albero	segare l'albero
tagliare la legna	spaccare la legna
tagliare la lana	tosare la lana
tagliare i rapporti	troncare i rapporti
tagliare un cadavere	sezionare un cadavere
tagliare un diamante	sfaccettare un diamante
tagliare l'onda	fendere l'onda
tagliare il bubbone	incidere il bubbone
tagliare la vite	potare la vite
tagliare il tabacco	trinciare il tabacco
tagliare il prezzemolo	tritare il prezzemolo
tagliare la barba	radere la barba

prendere la spada	brandire la spada
prendere un raffreddore	buscarsi un raffreddore
prendere sul fatto	cogliere sul fatto
prendere il volo	spiccare il volo
prendere il comando	assumere il comando
prendere il ladro	arrestare, acciuffare il ladro
prendere un atteggiamento	assumere un atteggiamento
prendere una rivoltella	impugnare una rivoltella
prendere i voti religiosi	pronunciare i voti religiosi
prendere la bicicletta	inforcare la bicicletta
prendere un diploma	ottenere un diploma
prendere un appartamento	affittare un appartamento
prendere uno stipendio	percepire uno stipendio
prendere un fiore	cogliere un fiore
prendere una trincea	espugnare una trincea
prendere uno sciroppo	bere uno sciroppo
prendere una medaglia	guadagnare una medaglia
prendere la responsabilità	assumere la responsabilità
prendere in flagrante	cogliere in flagrante
prendere per un braccio	afferrare per un braccio
prendere una malattia	contrarre una malattia
prendere gli spaghetti	mangiare gli spaghetti
prendere una città	conquistare una città
prendere un leone	catturare un leone
prendere un incarico	assumere un incarico
prendere un posto	occupare un posto
prendere tra le braccia	stringere tra le braccia
prendere l'occasione	cogliere l'occasione
prendere il potere	impadronirsi del potere
prendere la bustarella	intascare la bustarella
prendere i soldi in banca	prelevare i soldi in banca
prendere alla sprovvista	cogliere alla sprovvista
prendere un posto che non ci spetta	usurpare un posto

Si eviti di dire *prendere atto*. Molto meglio *prendere nota*. Analogamente, si rinunci a *dare atto*, è meglio *dichiarare d'avere ricevuto, ammettere d'essere convinto*. Sono espressioni burocraticamente ineleganti, come l'abuso di *messa*, sostantivo astratto derivato da *mettere*. Perciò sostituiremo *messa in moto* con *avviamento*, *messa in scena* con *allestimento scenico*, *messa in piega* con *ondulazione*, *messa in onda* con *trasmissione*, *messa a punto* con *rifinitura*, *chiarimento*. Da evitare, se possibile, anche il sostantivo astratto *presa*, da *prendere*, valido in senso materiale (cemento da presa rapida, la presa di Costantinopoli) ma molto goffo quando un giornale scrive che «dopo gli scioperi, gli operai metalmeccanici sono tornati al lavoro con una grossa presa di coscienza». Come se fosse una presa di corrente. O di tabacco.

ESSERE

quanti uccelli sono in cielo	quanti uccelli volano in cielo
quante stelle sono in cielo	quante stelle brillano in cielo
in piazza c'è un monumento	in piazza sorge un monumento
i leoni sono nella savana	i leoni vivono nella savana
a settembre sono in campagna	a settembre abito in campagna
era in nero	vestiva di nero
sono in miseria	vivo in miseria
questa casa è di mia moglie	questa casa appartiene a mia moglie
fra un'ora saremo a casa	fra un'ora arriveremo a casa
quant'è questo filetto?	quanto costa questo filetto?
non sono del tuo parere	non condivido il tuo parere
Mario è per la Juventus	Mario parteggia per la Juventus
la felicità non è nella ricchezza	la felicità non consiste nella ricchezza

AVERE

ha i reumatismi	soffre di reumatismi
ha un cappello nuovo	indossa un cappello nuovo
ha avuto un buon impiego	ha ottenuto un buon impiego
hai avuto una lettera,	hai ricevuto una lettera,
una eredità, un regalo	una eredità, un regalo
ho avuto una casa a buon prezzo	ho comprato una casa a buon prezzo
aveva una villa in campagna	possedeva una villa in campagna
aveva molto credito	godeva molto credito
avere buone speranze	nutrire buone speranze
avere i vestiti nell'armadio	tenere i vestiti nell'armadio
aver freddo	sentir freddo.

XI

Sbagliato il gelato alla crema

Quando dico *Luigi studia* esprimo un pensiero in struttura minima, non riducibile. Una struttura, aggiungiamo, autosufficiente, ma non esauriente. Il lettore curioso, insoddisfatto di tanta laconicità, potrebbe domandare: che cosa studia? Allora rispondiamo: Luigi studia *la matematica*. Altra curiosità legittima: con chi? Risposta: *con il compagno*. Dove? *In giardino*. A quale scopo? *Per l'esame*. Esame di che? *Di licenza media*.

Rispondendo a domande via via suggerite dalla naturale curiosità, abbiamo applicato delle aggiunte, dei complementi alla frase iniziale *Luigi studia* che, grammaticalmente corretta, era concettualmente avara di particolari. Si chiamano *complementi* perché completano il senso d'una frase. Tranne il complemento oggetto, che si attacca al verbo senza bisogno di intermediari (*Luigi studia la matematica*) tutti gli altri sono introdotti da uno dei seguenti monosillabi:

di a da in per con su tra (fra)

chiamati *preposizioni*, da latino *prae-ponere*, porre davanti. Esse infatti sono sempre preposte a un nome, a un pronome, a un avverbio, a un infinito verbale. Sono otto, ma fanno un lavoro per cento, buona parte della sintassi pesa sulle spalle di questa parte del discorso, invariabile nella forma semplice, variabile quando si combina con l'articolo. Come dimostra la seguente tabella.

art.	di	a	da	in	per	con	su	tra
il	del	al	dal	nel	/	(col)	sul	/
lo	dello	allo	dallo	nello	/	/	sullo	/
la	della	alla	dalla	nella	/	/	sulla	/
i	dei	ai	dai	nei	(pei)	(coi)	sui	/
gli	degli	agli	dagli	negli	/	/	sugli	/
le	delle	alle	dalle	nelle	/	/	sulle	/

LA PREPOSIZIONE A

Introduce i seguenti complementi:

termine: donare ai poveri
fine: andare a passeggio
distanza: abita a 100 metri
età: morì a 90 anni
tempo: mi coricai a mezzanotte
modo: vendeva a credito, uccelli a stormo
paragone: il sonno è simile alla morte
vantaggio: utile alla salute
causa: a quel rumore mi svegliai
qualità: camicia a righe
mezzo: barca a motore
limitazione: a mio avviso
pena: condannato all'ergastolo
prezzo: tutto a 10.000 lire
stato in luogo: abito a Genova
moto a luogo: vado a Milano
moto a luogo figurato: promosso al grado superiore
moto a luogo con ellissi del verbo: al diavolo! alla tua salute!

Non è corretto dire	Si preferisce
mano a mano	a mano a mano, man mano
due a due	a due a due
poco a poco	a poco a poco
faccia a faccia	a faccia a faccia
lavori all'uncinetto	lavori con l'uncinetto
come al solito	come il solito
50 km all'ora	50 km l'ora
vicino Milano	vicino a Milano
alla mattina, al lunedì	la mattina, il lunedì;
	oppure: di mattina, di lunedì
tre milioni al mese	tre milioni il mese
delle volte mi sei antipatico	a volte mi sei antipatico
totale a riportare	totale da riportare
a sua domanda	per sua domanda
a seguito vostra lettera	in risposta alla vostra lettera
abita a Piazza Duomo	abita in Piazza Duomo
l'ho visto a scrivere	l'ho visto scrivere
sforzarsi a fare	sforzarsi di fare
spetta al governo a decidere	spetta al governo decidere
a secondo di chi vedo	a seconda di chi vedo; oppure:
	secondo chi vedo
riguardo ciò che dici	riguardo a ciò che dici

Nel linguaggio culinario si usano:

pane *all'*olio, spaghetti *al* pomodoro, filetto *ai* ferri,
gelato *alla* crema, torta *alla* panna

francesismi difficili da estirpare. La preposizione *a*, entrata in cucina, vi si trova molto bene, e resiste ai puristi che tentano di cacciarla e sostituirla con:

pane *con* l'olio, spaghetti *col* pomodoro, filetto *sui* ferri,
gelato *di* crema, torta *di* panna.

I puristi condannano anche le corse al trotto. Sostengono che, come si dice:

andare *di* corsa (e non andare *a* corsa)

si deve dire

andare *di* trotto, *di* galoppo (non *al* trotto, non *al* galoppo).

Il ragionamento analogico non fa una grinza. Senonché Emilio Cecchi, squisito prosatore d'arte, contraddice i puristi addirittura con il titolo d'un suo libro *Corse al trotto vecchie e nuove*. Chi ha ragione?

Maggiori consensi trova il ripudio del buro-commerciale *a nome di*, *a mezzo di*, da sostituire con *in nome di*, *per mezzo di*. I nostri tribunali, quando emettono una sentenza, condannano oppure assolvono esemplarmente *in nome* del popolo italiano. Una sentenza *a nome* del popolo italiano sarebbe sbagliata in partenza. Attenti a mettere la preposizione *a* e il suo complemento nel posto giusto. Una errata collocazione in seno alla frase rischia di mutarne il senso, fino a produrre capolavori di umorismo involontario. Abbiamo letto recentemente: «È stata condotta un'indagine, a cura dell'USL, sul diabete come malattia sociale grave, che può portare alla cecità, limitata al distretto sanitario locale». E negli altri distretti, il diabete fa bene agli occhi?

LA PREPOSIZIONE DI

Introduce i seguenti complementi:

specificazione: tramonto del sole
possesso: la casa del nonno
causa: morto di freddo
materia: colonna di marmo

denominazione: città di Venezia
paragone: più freddo del ghiaccio
mezzo: cingere di mura
età: donna di 40 anni
argomento: parlare di calcio
colpa: accusato di furto
moto da luogo: uscì di casa
moto per luogo: passò di qua
tempo determinato: i poeti dell'800
pena: multa d'un milione
misura: fiasco di due litri
qualità: uomo di carattere
abbondanza: pieno di soldi
privazione: vuoto di contenuto
origine: di famiglia povera
partitivo: alcuni di noi
predicativo: mi ha dato del cretino
distributivo: di dieci in dieci
limitazione: forte di muscoli, debole di cervello
modo: va di corsa
prezzo: oggetto di scarso valore
scopo: paletti di confine

Di si presenta in triplice veste: 1. preposizione, 2. sostantivo (il dì, accentato), 3. imperativo del verbo dire (di', con l'apostrofo). Esempio mnemonico per non cadere in errori d'ortografia:

Di' ai vicini di casa che fanno troppo rumore notte e dì.

Attenzione a non infilzare troppi *di*, come uccelletti nello spiedo:

Il quaderno *di* bella copia *di* matematica *del* compagno *di* banco *di* Luigi è una frase insopportabilmente fastidiosa. A Gustave Flaubert, raffinato stilista, sembravano eccessivi due complementi di specificazione contigui in *corona di fiori d'arancio*, sudò sette camicie per eliminare un *di*, alla fine si arrese. Ma prima dello stile, ci preoccuperemo del concetto, perché anche il *di* (come abbiamo già visto per *a*) se mal collocato combina guai, specialmente nel linguaggio dei burocrati, avvezzi a gettare le parole sulle circolari come un giocatore i dadi sul tavolo verde: dove vanno, vanno.

Recentemente abbiamo letto: «Questi sono i risultati ufficiali della commissione d'inchiesta sulla mafia del Parlamento». Orbene, il Parlamento italiano sarà forse un consesso inconcludente, ma che sia malavitoso al punto da covare la mafia nel suo seno, nessuno in coscienza oserebbe sostenere. E per liberarlo dall'ingiusta accusa ci affrettiamo a correggere: «Questi sono i risultati ufficiali della commissione d'inchiesta del Parlamento sulla mafia».

L'imperante brachilogia, prodotta dalla fretta del vivere e del comunicare odierno, sopprime spesso il *di* del complemento di specificazione, abbreviando:

> stazione dei viaggiatori = stazione viaggiatori
> scalo delle merci = scalo merci
> libro della paga = libro paga.

Il giornale della radio si è accorciato prima in giornale radio, poi in GR1, GR2, GR3. Il Palazzo dello sport, estromesso il *dello*, si è fuso in *Palasport*. Il mercato della frutta e della verdura è diventato *mercato frutta e verdura*, e non bastando questa abbreviazione abbiamo inventato il *mercato ortofrutta*, poi mutilato in *ortofrutta*. A questo punto ci fermiamo, altrimenti dobbiamo rinunciare alla frutta o all'orto. È la stessa condensazione avvenuta, decenni addietro, per *automobile omnibus* (auto per tutti), fuso in *autobus* e adesso ridotto a *bus*. Se eliminiamo anche questo, restiamo a piedi.

Introduce i seguenti complementi:

agente: Cesare ucciso da Bruto
causa efficiente: casa abbattuta dal vento
causa: tremare dal freddo
origine: nato da illustre famiglia
fine: carte da gioco
mezzo: riconosciuto dalla voce
modo: vivere da prìncipi
prezzo: libro da 20.000 lire
limitazione: cieco da un occhio
qualità: donna dai capelli biondi
predicativo: da ragazzo non studiava
separazione: liberato dalla prigionia
tempo continuato: gioca da due ore
stato in luogo: abito dalle tue parti
moto a luogo: vado dal farmacista
moto per luogo: passo da Milano
moto da luogo: vengo da Genova.

Nei listini dei prezzi, *da* sottintende *in su*. Per esempio, *crociera da 990.000 lire* intende il prezzo minimo, cabina interna a quattro posti. Chi desidera una cabina esterna, singola, con tv e frigobar, vedrà il prezzo salire molto *in su*, del doppio e del triplo.

È corretto dire *vino da pasto, sala da ballo, veste da camera, Arnaldo da Brescia*. Invece si discute sulla legittimità di:

biglietto *da* visita, festa *da* ballo

contro i quali i puristi dell'Ottocento lanciarono anatema, proponendo:

biglietto *di* visita, festa *di* ballo

forme prescritte anche dal severo Palazzi. Il Migliorini assolve il *biglietto da visita*, e per la *festa da ballo* riferisce due testimonianze storiche che, lungi dal risolvere il dubbio, lo aggravano. Una lapide murata a Siena, nell'atrio del Palazzo del Capitano della guerra, dice: «In questo palagio il conte Tommaso Pecci ospitò per quattro giorni madonna Eleonora figlia del re Ferdinando di Napoli... dando in suo onore una magnifica festa da ballo nella via dove ballarono cento delle più belle donne senesi». Dunque i senesi, nel Quattrocento, dicevano *festa da ballo*.

Testimonianza contraria si trova nella quinta edizione della Crusca, dove Alessandro Segni descrive i festeggiamenti in onore del principe Ferdinando dei Medici con Violante Beatrice di Baviera, e parla di una *festa di ballo*. Siamo nel 1668. E allora, *da ballo* o *di ballo*? Il Migliorini approva entrambe le forme, perché festa *di ballo* significa che la festa consiste nel ballo, e *da ballo* indica la destinazione, lo scopo, come *nave da carico*. Condanna invece la *carta da bollo*, poiché non si tratta d'una carta destinata a ricevere un bollo, essendo già bollata. Ma sarà difficile estirparla dall'uso: «*Error communis facit ius*» ammoniva un antico broccardo. Come sarà difficile introdurre la *messa di requiem*, che Migliorini auspica in luogo della *messa da requiem*. Anche perché, in tal caso, bisognerebbe manomettere il titolo d'un'opera di Giuseppe Verdi. Chi se la sente?

Del cane è lecito dire che è *da razza* e *di razza*. Con questa differenza: quello *da razza* possiede ottime qualità, per le quali gli allevatori lo destinano alla funzione riproduttiva; quello *di razza* è un animale di razza pregiata, ma non è detto che sia necessariamente costretto a rinunciare al celibato.

Si dice, indifferentemente, esco *di casa* ed esco *da casa*, esco *di scuola* ed esco *da scuola*. Con la preposizione articolata, è ammessa soltanto la seconda forma: esco *dalla casa*, *dalla scuola*. Chi esce *della scuola*, farebbe bene a tornarvi subito, a ripassare la grammatica.

Analogamente a quanto avviene nella composizione *da* + *la* = *dalla*, se uniamo *da* e *capo* raddoppieremo l'iniziale della seconda parola ottenendo *daccapo*. Così avremo:

da + bene = dabbene, da + canto = daccanto, da + poco = dappoco.

Come la preposizione *di*, anche *da* si presenta in triplice veste:
1. preposizione, 2. presente indicativo del verbo dare (*dà*, con l'accento), 3. imperativo dello stesso verbo (*da'*, con l'apostrofo).
Esempio mnemonico per non cadere in errori d'ortografia:

Da' a Mario questa lettera e non tornare *da* me se prima non ti *dà* una risposta.

Oltre a mettere al posto giusto l'accento e l'apostrofo, si consiglia la massima vigilanza nel collocare il *da* al posto giusto nella frase. Abbiamo appreso da un avviso che ogni 15 giorni nel laboratorio chimico (o comico?) del comune di X «verrà fatta una scrupolosa analisi dell'acqua inquinata dall'ufficiale sanitario». Che delinquente! Si fa pagare dal comune per avvelenare i cittadini.

LA PREPOSIZIONE IN

Introduce i seguenti complementi:

stato in luogo: chiuso in casa
stato in luogo figurato: ho fiducia in te
moto a luogo: vado in giardino
moto a luogo figurato: andare in collera
moto per luogo: passeggiava in piazza
modo: lepre in salmì
tempo continuato: farò in tre minuti
tempo determinato: in estate
limitazione: bocciato in fisica
materia: statua in legno (meglio: di legno)
mezzo: vado in bicicletta
scopo: parlerò in tua difesa

stima: lo tengo in grande considerazione
causa: ansioso nell'attesa.

È indifferente dire:

Aveva molti progetti *in* testa, aveva molti progetti *nella* testa

però si deve dire

Camminava col cappello *in* testa

perché *camminava col cappello nella testa* significa che l'interessato era senza cappello, ma continuava a pensarci.

LA PREPOSIZIONE PER

Introduce i seguenti complementi:

stato in luogo: dormo per terra
moto a luogo: parto per Milano
moto a luogo figurato: portato per la musica
vantaggio: pensa solo per sé
scopo: scarpe per la montagna
mezzo: lo dirò per telefono
moto per luogo: passo per Milano
causa: suicida per amore
tempo determinato: verrò per Pasqua
tempo continuato: valido per un anno
prezzo: venduto per pochi soldi
misura: esteso per molti chilometri
colpa: processato per furto
modo: detto per scherzo
limitazione: superiore per intelligenza
predicativo: lo vollero per sindaco

distributivo: il dieci per cento
esclamativo: per carità!

Si usa correntemente *finì per ammalarsi*, ma è più corretto *finì con l'ammalarsi*.

Per, unito all'infinito, contiene l'idea di scopo, possibilità, traguardo da raggiungere. Pertanto è inutile ridondanza dire:

Studio *per* poter ottenere un diploma

dove *potere* è superfluo. Nitidezza ed efficacia (due virtù sempre congiunte) suggeriscono quindi

Studio *per* ottenere un diploma

e rifiutano, come penosa balbuzie mentale, le espressioni del contorto sinistrese, sul tipo di:

I delegati al congresso, per poter esprimere la volontà della base, hanno chiesto la possibilità di eleggere direttamente il segretario del partito, onde essere messi in grado di potere eventualmente ecc. ecc.

Con gente che ragiona così, è davvero tutto possibile.

Quando parliamo d'una squadra di calcio agguerrita, in gran forma, diciamo *è troppo forte per perdere*, dove l'infinito *perdere* è retto dal soggetto della preposizione precedente, la squadra. Ma se diciamo *è troppo forte per sconfiggerla* introduciamo un infinito, *sconfiggerla*, privo di soggetto, arbitrio inammissibile, perciò dovremo correggere la frase in *è troppo forte perché (noi) possiamo sconfiggerla*.

E già che siamo sull'argomento, parliamo dell'infinito, troppo spesso abbandonato come un orfanello, senza un soggetto che assuma la paternità e la responsabilità delle sue azioni. Una sera un noto presentatore televisivo disse: « D'ora in avanti il nostro telequiz verrà fatto non una ma due volte la settimana, per soddisfare le molte domande di ammissione di concorrenti, ai quali avevamo promesso *di partecipare*». Chi sono i partecipanti, o aspiranti tali? L'infinito *partecipare*, non avendo un soggetto espresso, assume automaticamente quello del verbo reggente: *avevamo promesso*, così risulta che *noi* avevamo promesso di partecipare, che saremmo stati *noi* (il presentatore e tutta l'organizzazione televisiva) a partecipare al quiz e ai suoi eventuali premi. Cosa evidentemente assurda. Per evitare questo paradossale scambio dei ruoli bastava dire «per soddisfare le molte domande di concorrenti, ai quali avevamo promesso *che avrebbero partecipato*».

LA PREPOSIZIONE CON

Introduce i seguenti complementi:

compagnia: viaggio col padre
unione: esco col paltò
qualità: ragazzo coi capelli neri
modo: mi guardò con stupore
mezzo: leggere con gli occhiali
causa: a letto con la febbre
relazione: gentile con tutti
limitazione: in arretrato con la corrispondenza
paragone: si confrontò con tutti
tempo: mi alzo con l'alba
avversione: combatto col nemico
materia: vino fatto con l'uva.

Si sconsiglia	*Si preferisce*
con domani mi metto a lavorare	da domani mi metterò a lavorare
col primo dell'anno cambierò casa	dal primo dell'anno cambierò casa

122

è arrivato con degli amici

è arrivato con alcuni amici
(con amici)

con più lavori più guadagni

quanto più lavori tanto più guadagni

con in mano la rivoltella
coi coinquilini
col colletto inamidato

con la rivoltella in mano
con i coinquilini
con il colletto inamidato.

LA PREPOSIZIONE SU

Introduce i seguenti complementi:

stato in luogo: dormire sul sofà
stato in luogo figurato: stare sulle spine
moto a luogo: marcia su Roma
moto a luogo figurato: scaricò la colpa sul complice
argomento: conferenza sul disarmo
materia: dipinto su tela
relazione: la casa guarda sul mare
stima: l'anello vale sui 5 milioni
misura: altopiano sui 700 metri
età: uomo sulla cinquantina
modo: confezione su misura
tempo determinato: partii sul tramonto

Si sconsiglia

Si preferisce

trasferito su sua domanda
marciare su tre colonne
il libro era su di una sedia

trasferito per sua domanda
marciare in tre colonne
il libro era su una sedia

Con i pronomi di persona è preferibile aggiungere *di*:

prendo *su di* me tutta la responsabilità;
il sangue di questo innocente ricadrà *su di* voi

però sono ammesse anche le forme *su me, su voi*.

Su e *sopra* sono intercambiabili, però con qualche sfumatura; se dico:

Mario a mezzogiorno era *sul* Cervino

lo presento come uno scalatore che si è arrampicato fin sulla vetta; se dico:

Mario a mezzogiorno era *sopra* il Cervino

posso immaginarlo come pilota che l'ha sorvolato con l'aereo.

Approfittiamo del fatto che siamo in alta quota e precisiamo: si dice *il sole brilla sopra le nubi*, non *sulle nubi*.

Sopra non è una preposizione, ma ne svolge le funzioni. Si chiama *preposizione impropria*, perché all'occorrenza funge anche da avverbio. Nelle sue stesse condizioni abbiamo: *verso, contro, lungo, dopo, durante, mediante, senza*, che sono costituite da aggettivi, avverbi, participi. Accompagnati a un nome, diventano preposizioni:

Sopra il tavolo c'è una bottiglia

accompagnati a un verbo diventano avverbi:

Non sapeva che *abitavo sopra*.

Anche *su* è usato avverbialmente:

Camminava *su* e giù

e per distinguerlo da *su* preposizione si è proposto di accentarlo, ma l'idea non ha avuto successo. In composizione, *su* fa raddoppiare la consonante iniziale della parola seguente: su lodato = *sullodato*, su diviso = *suddiviso*, su menzionato = *summenzionato*.

Anche *sopra* esige il raddoppiamento: sopra tutto = *soprat-tutto*, sopra luogo = *sopralluogo*. Molti scrivono *sopravvanzare*, che è un errore d'ingegneria lessicale, perché i due componenti non sono *sopra vanzare*, bensì *sopra avanzare*.

LA PREPOSIZIONE TRA

Introduce i seguenti complementi:

stato in luogo: città tra il monte e il mare
stato in luogo figurato: mi sta tra i piedi
moto per luogo: il sole passa tra le imposte
moto da luogo: tra Roma e Milano c'è un'ora di aereo
compagnia: rimasi tra loro
distanza: tra due chilometri c'è un albergo
causa: tra un bicchiere e l'altro ci ubriacammo
relazione: tra noi c'è molto affiatamento
età: era fra i 30 e i 40 anni
modo: parlava tra i singhiozzi
tempo: tornerò tra un mese
partitivo: qualcuno tra voi ha protestato.

Tra viene sostituito da *fra* per ragioni eufoniche. Non si dice:

*fra fra*telli, *tra tra*fficanti

bensì:

*tra fra*telli, *fra tra*fficanti.

In composizione, *tra* non raddoppia la consonante che segue:

tramezzo, tramutare, travestire

fa eccezione *trattenere*.

Fra vuole sempre il raddoppiamento:

> frapporre, frammettere, frammischiare.

Con i pronomi personali è ammessa la doppia costruzione: *tra noi, tra di noi*. Esempio: *tra noi (tra di noi) certe cose possiamo dircele.*

LOCUZIONI PREPOSITIVE

Sono preposizioni espresse con più parole: *avanti a, fuori di, sino a, per mezzo di, in luogo di, invece di, in confronto con, di là da, per motivo di, a onta di, malgrado (mal grado), nonostante (non ostante)*.

Malgrado contiene il concetto di « gradimento », quindi secondo i puristi va riferito soltanto a persone (*mio malgrado*), non a oggetti privi di sensibilità. Perciò:

> *malgrado* la pioggia

è un errore; altrettanto errato è accoppiarlo a un verbo:

> *malgrado* piovesse.

Analogamente la locuzione *ad onta* (che significa: a vergogna, a disonore) non può essere riferita a cose, ma a persone, le quali soltanto sono nella condizione di vergognarsi e disonorarsi. Pertanto non si dirà:

> *Ad onta* del freddo, partii per la montagna

bensì: *nonostante il freddo* ecc. Invece diremo correttamente:

> *Ad onta* dei malvagi

(ammesso che abbiano ancora la facoltà di provare vergogna e disonore).

Questo secondo i puristi che combattono, anche in questo caso, una battaglia di retroguardia. Perché l'uso corrente consente maggiore libertà.

XII

La congiunzione, mastice del discorso

Da *Romeo e Giulietta*, di William Shakespeare, atto terzo, scena quinta.

Giulietta - Vuoi già andar via? Ancora è lontano il giorno; non era l'allodola, era l'usignolo che trafisse il tuo orecchio timoroso; canta ogni notte laggiù dal melograno; credimi, amore, era l'usignolo.

Romeo - Era l'allodola, messaggera dell'alba, non l'usignolo. Guarda, amore, la luce invidiosa a strisce orla le nubi che si sciolgono a oriente; le candele della notte non ardono più e il giorno in punta di piedi si sporge felice dalle cime nebbiose dei monti. Devo andare: è la vita, o restare e morire.

Giulietta - Quel chiarore laggiù non è la luce del giorno...

Eccetera. È la famosa scena del balcone, di cui accenniamo le prime battute non come esempio di poesia (altissima, ma questa considerazione esula dal nostro compito) bensì di discorso *diretto*. Nei lavori teatrali, nei film, nei libretti d'opera e, fuori di teatro, nella vita di tutti i giorni, nei milioni di colloqui che la gente intreccia al mercato, al bar, al lavoro, a tavola, a letto, si parla *direttamente* con la persona cui si desidera trasmettere un messaggio. Nel discorso *diretto* le parole sono registrate testualmente così come sono dette (si pensi al nastro magnetico).

Abbiamo invece il discorso *indiretto* quando le parole dette dai diaologanti, o dai monologanti, vengono riferite narrativamente da un'altra persona. Nella forma *indiretta* la famosa scena del balcone suonerebbe (che Shakespeare ci perdoni) così:

«Giulietta non voleva che Romeo se ne andasse, gli fece notare che il giorno era ancora lontano, e gli spiegò che non era l'allodola, era l'usignolo quello che aveva trafitto il suo orecchio...»

Diventando indiretto, il discorso perde immediatezza e freschezza, come una foto sbiadita. Per usare un paragone calcistico, tra i due tipi di discorso corre la stessa differenza che tra una partita vista allo stadio e la cronaca letta sul giornale. Perciò gli scrittori, quando desiderano infondere particolare vivezza e calore al racconto, abbandonano il discorso indiretto e fanno parlare direttamente i personaggi. Dal punto di vista tecnico, questo passaggio comporta un mutamento nei verbi della proposizione dipendente.

Discorso diretto:

Luigi disse: «Sbrìgati, Mario, perché tra dieci minuti partiamo». Mario rispose: «Sono pronto da un pezzo, io non ho l'abitudine di far aspettare gli amici».

Discorso indiretto:

Luigi disse a Mario di sbrigarsi (oppure: che si sbrigasse) perché sarebbero partiti dopo dieci minuti. Mario rispose di essere pronto da un pezzo e aggiunse che lui non aveva l'abitudine di far aspettare gli amici.

Il discorso indiretto coi tempi storici

Se il verbo della reggente (dire, rispondere, aggiungere, spiegare ecc.) è un tempo storico:

1. L'imperativo (*sbrìgati*) diventa infinito (*sbrigarsi*) oppure imperfetto congiuntivo (*che si sbrigasse*).

2. Il presente indicativo diventa imperfetto.

Discorso diretto: Il ministro disse agli scioperanti: «Le casse dello stato *sono* vuote».
Discorso indiretto: Il ministro disse agli scioperanti che le casse dello stato *erano* vuote.

3. Il futuro diventa condizionale passato.

Discorso diretto: Il malato domandò al medico: «Quando *guarirò?*».
Discorso indiretto: Il malato domandò al medico quando *sarebbe guarito*.

4. Il passato prossimo diventa trapassato prossimo.

Discorso diretto: La polizia dichiarò: «In casa dell'arrestato *abbiamo trovato* molte armi».
Discorso indiretto: La polizia dichiarò che *aveva trovato* molte armi in casa dell'arrestato (*oppure: di aver trovato*).

5. Il presente e il passato congiuntivo diventano imperfetto e trapassato congiuntivo.

Discorso diretto: Il padre disse al figlio: «Temo che tu *sbagli*».
Discorso indiretto: Il padre disse al figlio che temeva che *sbagliasse*.

Discorso diretto: Il padre disse al figlio: «Temo che tu *abbia sbagliato*».
Discorso indiretto: Il padre disse al figlio che temeva che *avesse sbagliato*.

Il discorso indiretto coi tempi principali

Se il verbo della reggente è un presente o un futuro, il tempo verbale della dipendente non subisce alcun mutamento, mutando la forma del discorso.

Discorso diretto: Vista la pagella, il padre dice al figlio: «*Meriti* un bel premio».
Discorso indiretto: Vista la pagella, il padre dice al figlio che *merita* un bel premio.

Discorso diretto: Il nostro ambasciatore riferirà all'Onu: «L'Italia *vuole* la pace».

Discorso indiretto: Il nostro ambasciatore riferirà all'Onu che l'Italia *vuole* la pace. (*Non*: riferirà che l'Italia *vorrà* la pace, *espressione pericolosa, perché lascia intendere che, attualmente, smania per la guerra.*)

Regola generale. Se ci sono dei pronomi, quelli di prima e seconda persona diventano di terza:

> Disse: «*Io* sono stufo di tante chiacchiere».
> Disse che *lui* era stufo di tante chiacchiere.
> Dissero: «Siamo stati troppo buoni con *voi*».
> Dissero che erano stati troppo buoni con *loro*.

Analogamente avviene per i possessivi:

> Mi confidò: «Amo molto il *mio* lavoro».
> Mi confidò che amava molto (di amare molto) il *suo* lavoro.

Questo diventa *quello*:

> Il cliente obiettò: «*Questo* caffè è troppo lungo».
> Il cliente obiettò che *quel* caffè era troppo lungo.

Due modi di costruire il periodo

Sia diretto oppure indiretto il discorso, abbiamo due modi di costruire un periodo:

1. mediante proposizioni *coordinate*, indipendenti l'una dall'altra:

Sono entrato al supermercato, ho dato un'occhiata agli scaffali, ho visto una grappa stravecchia, la cercavo da tempo, e l'ho subito comprata;

2. mediante proposizioni *subordinate*, che dipendono da una principale:

131

Essendo entrato al supermercato ed avendo visto una grappa stravecchia che cercavo da tempo, l'ho subito comprata.

Nel primo caso le proposizioni si trovano in condizioni di pari importanza, come una riunione di ufficiali pari grado; nel secondo, c'è una frase (*l'ho subito comprata*) che sostiene tutto il periodo, una specie di vertice gerarchico cui tutte le altre sono subordinate.

Esistono vari gradi di subordinazione:

> Io credo *proposizione principale*
> che farai molta strada *subordinata di primo grado*
> se userai bene i talenti *subordinata di secondo grado*
> che natura ti ha dato *subordinata di terzo grado*.

Per tornare al paragone militare, qui gli ufficiali sono di grado diverso. *Io credo* (principale) non dipende da nessuna proposizione, tutte le altre dipendono da *io credo*. Così il colonnello non dipende dal capitano, tanto meno dal tenente; tenente e capitano dipendono dal colonnello.

Per legare tra loro le frasi adoperiamo le *congiunzioni* che, assieme alle *preposizioni*, formano il mastice del discorso. Sono parolette brevi, inespressive (che cosa c'è di più insulso del mastice?) che tuttavia concatenano le altre parti del discorso, o addirittura intere frasi, altrimenti destinate alla deriva. Se le preposizioni, come abbiamo visto, creano un rapporto tra le parole, generando i complementi (di chi? con chi? per quale scopo?), le congiunzioni congiungono tra loro due frasi, o due elementi simili nell'ambito d'una stessa frase. Si dividono in:
coordinative, quando collegano due soggetti, due complementi, oppure due frasi, indipendenti tra loro:

> Mario *e* Luigi studiano   Mario studia *e* Luigi gioca;

subordinative, quando congiungono due frasi di cui una sia subordinata all'altra.

Le *coordinative* a loro volta si dividono in:

COPULATIVE, quando accoppiano: *e, anche, pure, né, nemmeno*

Mario *e* Luigi studiano   Non bevo *né* vino *né* caffè;

DISGIUNTIVE, quando esprimono un'antitesi, un'alternativa: *o, oppure, ovvero*

Parti *o* resti?

AVVERSATIVE, quando istituiscono una contrapposizione: *ma, però, anzi, invece, tuttavia*

Legge molto *ma* capisce poco;

DICHIARATIVE, quando la seconda frase spiega e completa la prima: *cioè, infatti, difatti, invero*

Tornerò tardi, *infatti* ho molte cose da sbrigare;

CONCLUSIVE, quando la seconda frase segna la conclusione di quanto affermato nella prima: *dunque, perciò, pertanto, sicché, quindi*

L'aereo è pieno, *quindi* dovremo attendere il successivo;

CORRELATIVE, quando esprimono una corrispondenza, una correlazione tra una coppia di frasi, o di complementi, o di aggettivi: *e... e, o... o..., né... né..., sia... sia, non solo... ma anche*

O Roma *o* morte   *Sia* Mario *sia* Luigi giocano.

Le congiunzioni coordinative affiancano due pensieri in posizione paritetica; quelle *subordinative* fanno dipendere un pensiero dall'altro e si dividono in:

CAUSALI: *ché, perché, poiché, siccome*

Resto a casa *perché* sono ammalato

(equivalente verbale del complemento di causa: *per malattia*);

FINALI: *affinché, perché*

Venne da te, *affinché* lo aiutassi

(l'equivalente complemento di fine è: *per aiuto*);

TEMPORALI: *quando, allorché, finché, prima che, dopo che*

Gli consegnai la lettera *prima che* partisse

(complemento di tempo: *prima della sua partenza*);

CONSECUTIVE: *cosicché, tanto che, in modo che, sicché*

Era così avaro *che* non si metteva gli occhiali per non consumarli;

CONCESSIVE: *sebbene, nonostante che, quantunque, benché*

Mi alzai, *sebbene* fosse ancora notte;

CONDIZIONALI: *se, purché, qualora*

Se non tornerò, ti telefonerò (*si veda il paragrafo dedicato al periodo ipotetico*);

COMPARATIVE: *come, siccome, piuttosto che, peggio che*

Preferì mendicare *piuttosto che* lavorare;

ECCETTUATIVE: *fuorché, tranne che, salvo che*

Sono due televisori eguali, *salvo che* il mio costa meno;

INTERROGATIVE: *se, perché, come, quando*

Ignoravo *se* sarebbe tornato in tempo   Spiegami *perché* sei in collera;

DICHIARATIVE: *che*

Non dimenticare *che* sono tuo padre.

La congiunzione *che* può essere confusa con *che* pronome relativo. Come evitare l'errore? Semplicissimo. Si sostituisca la parola *che* con *il quale, la quale, i quali, le quali*. Se la sostituzione non è possibile, abbiamo la prova che si tratta d'una congiunzione. Nel periodo seguente

Non immaginavo *che* fossero così numerosi i vocaboli *che* derivano dal latino

il primo *che* non è sostituibile, perciò è congiunzione. Il secondo è sostituibile con *i quali*, perciò è pronome relativo.

XIII

Vesti giovane, fissa morbido

Vesti giovane, fissa morbido, bevi fresco, lava pulito, grida da ogni muro, schermo e teleschermo la pubblicità, madre premurosa ma non disinteressata. Per districarsi nel traffico cittadino, compra l'utilitaria X, « parcheggia facile ». Mutuando dalla politica il *Votate socialista*, la pubblicità consiglia *Camminate Pirelli*, appiccicando un temerario complemento oggetto ad un verbo intransitivo; e *Vestite Marzotto*, frase infelice, perché il lettore, rammentando l'opera di misericordia « vestire gli ignudi », commenta tra sé: ma come è finita male quella famiglia. E pensare che fabbricava stoffe!

Tuttavia usando l'aggettivo *giovane, morbido, fresco, facile* in funzione avverbiale il linguaggio pubblicitario non fa che sviluppare costrutti già inseriti nella lingua comune: abita *vicino*, costa *caro*, volava *basso*, dove aggettivi privi di sostantivo sono usati avverbialmente.

Qualche altro esempio del duplice uso:

Aggettivo	*Avverbio*
un terreno piano	picchia piano
un forte lavoratore	correva forte
non ho molto coraggio	studiano molto
un reddito certo	mi ami? — certo
soprabito leggero	mangiar leggero
non ha troppo tempo	lavora troppo
un uomo giusto	hai visto giusto
ho poco spazio	vale poco
un chiaro discorso	scrivi chiaro

Per distinguere le due funzioni, basta fare il plurale. L'avverbio, parte invariabile del discorso, non lo sopporta. Perciò tale operazione si può fare nella prima colonna, non nella seconda.

Aggettivo e avverbio sono due accessori che arricchiscono il significato, l'uno del nome, l'altro del verbo. L'avverbio deriva da *ad-verbum*, presso il verbo, ma può accompagnare anche un aggettivo, un avverbio. Se il verbo è il motore della frase, l'avverbio è ora l'acceleratore:

Mangia *voracemente*

ora il freno:

Lavora *svogliatamente*

ora il manometro di misurazione:

Il teatro era *quasi* pieno

ora il volante di guida:

Si diresse *lassù*

capace d'invertire la marcia del discorso:

Tutti stravedono per quel film, a me *non* piace.

Se l'aggettivo diventa avverbio, l'avverbio a sua volta viene usato dalla pubblicità, sempre alla ricerca di nuovi effetti, come aggettivo:

Una pelle *così* (equivalente a *simile*). Un regalo *più*.
Crodino è *più più più*.

Gli AVVERBI DI MODO rispondono alla domanda: come? e di solito si costruiscono (a parte i già visti aggettivi double-face) aggiungendo la desinenza *mente* a un aggettivo qualificativo:

forte + mente = fortemente.

Mente non è altro che l'ablativo della parola latina *mens*, mente, stato d'animo, intenzione.

soave mente = soavemente   dolce mente = dolcemente
assidua mente = assiduamente.

L'avverbio può nascere anche da un participio passato:

perduta-mente   disperata-mente.

Buono non fa *buonamente*, ma *bene*. *Cattivo* offre (il male ha sempre più fantasia del bene) tre possibilità di scelta: *male, malamente, cattivamente*.

È sconsigliabile dire	*Si preferisce*
ci vediamo magari stasera	ci vediamo probabilmente stasera
telefonami, diversamente scrivimi	telefonami, altrimenti scrivimi
non ho l'invito, posso entrare lo stesso?	non ho l'invito, posso entrare ugualmente?

Assieme al già deplorato *estremamente*, si evitino altri avverbi come *conflittualmente, nutrizionalmente, dimensionalmente, vocazionalmente* che pretendono di coniugare brevità ed efficienza, e riescono soltanto artificiosi e oscuri.

L'affinità tra gli avverbi e gli aggettivi qualificativi è confermata dal fatto che anche i primi sono elevabili al grado comparativo e superlativo:

dolcemente   più dolcemente   dolcissimamente

e possono assumere le desinenze alterate, del diminutivo e dell'accrescitivo:

bene, benino, benone, male, maluccio, malaccio, poco, pochino.

Gli AVVERBI DI LUOGO rispondono alla domanda: dove? I più frequenti sono: *qui, qua* (senz'accento), *lì, là* (con l'accento), *laggiù, lassù, dappertutto, donde, dove, ove*. È sbagliato dire:

Questa è la stazione *ove* siamo partiti

si deve dire:

Questa è la stazione *donde* siamo partiti.

Ci e *vi* significano *in quel luogo*, *ne* vuol dire *da quel luogo*. Occorre un minimo di attenzione per non confonderli con i pronomi omografi:

noi *vi* abitiamo da tre mesi	(avverbio di luogo)
vi invitiamo a casa nostra	(pronome personale)
ci dissero di no	(pronome personale)
non *ci* stiamo tutti	(avverbio di luogo)
te *ne* sei scordato	(di quella cosa: pronome)
te *ne* sei andato	(da quel luogo: avverbio)

Gli AVVERBI DI TEMPO rispondono alla domanda: quando? I più frequenti sono: *adesso, ora, subito, prima, dopo, spesso, presto, tardi, mai, allora*. È sbagliato dire:

Fino *ad allora* non c'ero mai stato

si dice *fino allora*, perché *allora* deriva dal latino *ad illam horam* e l'*ad* vi è incorporato.

Contrariamente alle apparenze (e alle abitudini) *mai* ha valore positivo nelle frasi interrogative:

L'hai *mai* incontrato?

dove *mai* sta per *qualche volta*; e nelle frasi condizionali:

Se *mai* capitassi da queste parti, vieni a trovarmi

dove *mai* sta per *un giorno o l'altro*, *per caso*, *eventualmente*. Accoppiato a particelle negative, *mai* diventa negativo:

Non l'ho *mai* visto.

E a forza di convivere con i negativi si è mimetizzato, assorbendone la negatività al punto che lo si usa anche da solo, per negare recisamente. Purché sia posto all'inizio di frase:

«Tu fumi?» «*Mai* fumato in vita mia.»

Siamo così arrivati agli AVVERBI DI NEGAZIONE, che nelle grammatiche fanno gruppo con quelli di AFFERMAZIONE e di DUBBIO: *no, non, nemmeno, giammai, sì, certo, certamente, probabilmente, forse, quasi*.

No e *sì* sostituiscono un'intera frase:

«Hai comprato il giornale?» «*No*» (non l'ho comprato)
«Hai visto Mario?» «*Sì*» (l'ho visto).

Non è uguale al latino *non*. *Sì* deriva da *sic* (così) attraverso il seguente schema di domanda e risposte: *Hoc ille fecit*? Egli ha fatto ciò?

Risposta in triplice versione:

Sic fecit   Hoc fecit   Hoc ille fecit.

Scomparso nel logorio dei secoli il *fecit*, sono rimasti:
il *sic*, da cui è derivato il *sì* italiano;
l'*hoc*, diventato il distintivo della lingua d'*oc* (provenzale);
e l'*hoc ille*, tramutatosi prima nell'*oïl*, poi nell'*oui* della lingua francese.

Gli avverbi si accompagnano al verbo, all'aggettivo, ad altro avverbio e talvolta al nome. Premesso a un nome, il *non* ne capovolge il significato: *dichiarazione di non belligeranza, politica del non intervento, non violenza, non senso*, fino al recente voto di *non sfiducia*, sulla scia del *quasi rete* lanciato, in un raptus di passione calcistica e di creazione grammaticale, dal radiocronista sportivo Niccolò Carosio.

È abbastanza diffusa l'abitudine di rafforzare o esprimere una negazione mediante un nome che indica un oggetto di dimensione minuscola, di valore infimo: *mica* (briciola, granellino) che in Lombardia diventa *minga*, e in Emilia *brisa*. I toscani usano *punto*.

> Non intendevo *mica* offenderti
> Una ragazza *mica* male
> Non ne voglio sentir parlare né poco né *punto*.

Talvolta si legge nelle cronache cittadine: «Alla conferenza organizzata dal Club Y possono assistere tutti, soci e *non*». La parola *non* da sola non sta. Si dice «soci e *no*». Decisamente brutto «possono assistere tutti, soci *o meno*». *Meno* è avverbio di quantità, non di negazione. Ora uno può essere socio, o non essere socio, affari suoi; ma fa ridere pensare a uno che è *un po' meno del socio*.

Attenti a non infilare troppi *non* consecutivi, come fanno i politici, che riluttanti a impegnarsi mediante affermazioni precise, si nascondono nei labirinti delle doppie, triple, quadruple negazioni, lasciandovi le penne. Se un ministro dice: «Non posso non elogiare quei cittadini che non hanno ceduto alla tentazione di non fare il loro dovere pagando le tasse» restiamo sconcertati, perché non si capisce bene se il non pagare le tasse sia una tentazione o un dovere civico.

Affatto, nell'opinione comune, è avverbio negativo. Errore. Esso ha valore positivo, significa *interamente, del tutto, completamente*. Però a forza di frequentare *non* e *niente* («Il maestro è contento di te?» «*Nient'affatto!*») ne ha acquisito, per osmosi, la negatività, e in tale senso viene diffusamente e arbitrariamente adoperato. Se all'uscita d'un cinema domandiamo a due spettatori: «Scusi, le è piaciuto il film?» quello che, con una smorfia di disgusto, risponderà: «Affatto», sarà forse un sottile critico, ma ignora la grammatica. Invece quello che sorridendo di soddisfazione esclama: «Affatto», sarà cinematograficamente parlando di bocca buona, ma conosce a perfezione la grammatica.

Quasi e *forse*, per accentuare il dubbio e l'approssimazione, si raddoppiano:

    Quasi quasi me ne vado   *Forse forse* ce l'abbiamo fatta.

Nelle interrogative, *forse* sta al posto di *per caso*:

    Non avresti *forse* da prestarmi 50.000 lire?

Quasi funge anche da congiunzione, nel valore di *come se*, e vuole il congiuntivo:

    Mi ha cacciato, *quasi* fosse lui il padrone.

Quasi e *forse* sono talmente impregnati del concetto di dubbio, incertezza, alea, che possono acquistare valore di sostantivi, come in

    Verrò *senza quasi*; partirò *senza forse*

che esprimono assenza di dubbio, certezza assoluta.

Gli AVVERBI DI QUANTITÀ rispondono alla domanda: quanto? e sono: *molto, poco, troppo, alquanto, parecchio, assai, nulla, niente, più, meno, così, piuttosto.*

Piuttosto, nel senso di abbastanza, è consigliato da taluni per le espressioni di valore negativo o riduttivo:

Questo romanzo è *piuttosto* noioso;

qualora intendiamo lodarlo, diremo:

Questo romanzo è *abbastanza* (alquanto) interessante

non: *piuttosto interessante.* Ma sono finezze da primi della classe.

Troppo, preceduto da *non*, si usa e abusa nella litote, figura retorica (la vedremo più avanti) che per attenuare una verità cruda, un giudizio brutale, l'esprime negando il contrario.

Diremo brutalmente:

Sei un villano

diplomaticamente:

Non sei *troppo* gentile.

I puristi più intransigenti condannano la costruzione francesizzante:

È *troppo* abile *per non* concludere quell'affare

e comandano:

È *troppo* abile *da non* concludere quell'affare

oppure:

È *troppo* abile *perché non* concluda quell'affare

meglio ancora:

È *tanto* abile *che concluderà* quell'affare.

Voce nel deserto. Ormai il *troppo abile per* è entrato nell'uso generale degli scrittori e degli analfabeti di ritorno, degli acculturati e degli incolti; e i puristi, come sempre, chiudono la stalla dopo che sono scappati i buoi.

Gli AVVERBI INTERROGATIVI (*come?*, *perché?*, *quando?*, *donde?*, *dove?*) per definizione non rispondono a domande, ma ne pongono:

Come stai? *Perché* non sei venuto prima?

L'interiezione

È relegata nell'ultimo capitolo delle grammatiche, snobbata come la cenerentola delle nove parti del discorso. Eppure da sola vale tutto un discorso. *Ahi*, nella sua telegrafica emotività, sintetizza tre parole: *io provo dolore*, cioè un soggetto, un predicato verbale e un complemento oggetto. Ma il dolore non ha tempo di costruire frasi logiche, appartenendo alla sfera delle sensazioni si esprime direttamente con suoni privi di significato (il dolore non ragiona). Condensata nell'immediatezza istintiva d'un grido, d'un sospiro, d'un lamento, l'interiezione manifesta, in maniera spontanea e rudimentale, l'improvviso esplodere d'un sentimento, d'uno stato d'animo: sorpresa, dolore, dubbio, gioia, timore, minaccia, disprezzo, esortazione, impazienza, preghiera, ammirazione.

Si chiama interiezione dal latino *inter-iacere*, gettare dentro, in mezzo, difatti è una paroletta inserita nel mezzo d'una frase, senza alcun legame morfologico e sintattico, quasi a ribadire la ben nota incomunicabilità tra passione e raziocinio. Puro suono che trasmette ancestrali moti della psiche, appartiene all'infanzia dell'umanità; forse i nostri progenitori all'alba del mondo comunicavano mediante segni, suoni e gesti, e l'interiezione è un parlare inarticolato, spezzato, come quello dei bambini.

Talora basta variare il tono della voce, per variarne il significato: *oh* può significare meraviglia, ma anche dolore. La più elastica è *eh*, interiezione buona per tutte le stagioni dell'animo. Consultiamo lo Zingarelli:

> Eh! queste cose non si fanno: *rimprovero*.
> Silenzio, eh!: *comando*.
> Eh, caro signore, il mondo cambia: *rassegnazione*.
> Eh! può darsi che il tempo cambi: *dubbio*.
> Potrebbe anche farcela, eh?: *speranza*.
> Eh? e tu non hai reagito?: *stupore*.
> Bella ragazza, eh?: *approvazione*.
> Eh, via, bisogna farsi animo!: *esortazione*.
> Eh, via, per chi mi prende!: *risentimento*.

Ciascuna delle cinque vocali è convertibile in interiezione, purché si aggiunga una *h* che ne prolunghi, con il suono, la carica emotiva: *ah*, *eh*, *ih*, *oh*, *uh*. L'interiezione si ottiene anche chiudendo a sandwich una *h* tra due vocali:

> ahi, ohi, uhi, ehi, ohè

oppure ricorrendo ad aggettivi (nel qual caso abbiamo l'interiezione impropria):

> bravo! zitto! fantastico! formidabile!

a sostantivi:

accidenti! animo! guai! diamine (*strano impasto di* diavolo *e* domine) aiuto! peccato!

a verbi:

viva! evviva! guarda!

ad avverbi:

bene! bis! male! presto! avanti!

Nonostante l'anatema lanciato da Ugo Ojetti (che ne deplorava l'abuso), il punto esclamativo accompagna utilmente le interiezioni. E non è vero che sia un segno privo di contenuto. Messo tra parentesi dopo una frase d'altri, vi condensa il commento dello scrivente. Per esempio, nel resoconto di cronaca: « Il sindaco si congratulò con l'assessore per l'efficienza (!) dei trasporti urbani » è bastato al giornalista inserire un (!) per manifestare il suo dissenso. Più lapidari di così!

Le interiezioni, raggruppate per stato d'animo, esprimono:

ah! ahi! ohi! ohimè! povero me!: *dolore,*
auf!: *impazienza, fastidio,*
ehm!: *minaccia,*
ohibò!: *incredulità,*
deh! di grazia! Dio mio!: *preghiera,*
orsù! via! animo! avanti!: *incoraggiamento,*
ah! oh! bene! urrah!: *gioia,*
mah!: *incertezza.*

Quest'ultima è stata sostituita da un'interiezione di recente conio, che furoreggia nel linguaggio dei giovani: *boh.*

Affine all'interiezione, per la sua mancanza di senso logico, è l'onomatopea, espressione che ci restituisce per via imitativa il rumore d'una cosa, il verso d'un animale, così il rumore d'un palco che crolla con fracasso diventa *patatrac,* lo sgocciolio d'un rubinetto *clop,* il battito dell'orologio *tic-tac,* lo sternuto *eccì,* il verso del gatto *miao,* quello del cane *bu bu,* il fruscio d'una seta *fru fru*, il suono della campana *din don*, quello d'una sberla *sciaff*, il muro del suono varcato da un reattore *bang*. Il glossario onomatopeico è stato poderosamente arricchito dallo sviluppo planetario dei fumetti, film disegnati su carta, la cui colonna sonora è visualizzata mediante un linguaggio che come i rumori (e la musica) è internazionale: *splash* tonfo in acqua, *clap* battimani, *screech* ruote che frenano, *gulp* deglutire a vuoto per paura, *boom* bomba che scoppia.

IL BELLO STILE

XIV

La parola come fantasia

Anche i bancari hanno un'anima era il titolo d'una commedia musicale nella quale Gino Bramieri, diligente impiegato in un istituto di credito, improvvisamente si concedeva un'evasione con una splendida negra. Si sa che l'ambiente bancario, arido regno dei numeri e delle noiose certezze matematiche, non è il più favorevole agli scatenamenti del sogno e dell'immaginazione. Eppure questa un bel giorno s'è presa la rivincita e, come Bramieri con la negretta, si è permessa di violare la stracca *routine* portando dietro gli sportelli, fabbricati a prova di proiettili, non a prova di fantasia, ilari immagini poetiche, impensabili in una sede così austera e pragmatica. Ed ecco gli impiegati *accendere* un mutuo, *estinguere* un conto corrente, *congelare* un credito, appropriandosi estrosi vocaboli del mondo extrabancario.

Questo parlare si chiama *figurato*, perché prende una cosa come *figura*, come immagine d'un'altra, operazione tipica della poesia. Quando un bancario accende un mutuo, non è un piromane, è un poeta. E siamo tutti, bancari e no, inconsapevolmente poeti quando diciamo *il fior* degli anni, cielo *a pecorelle*, *canale* televisivo, perché immaginiamo la vita come un giardino; il cielo un azzurro pascolo delle nubi; e le immagini trasmesse dalle antenne barchette naviganti in corsi d'acqua che scendono verso il loro mare naturale, il pubblico.

LA METAFORA

Quando arriviamo alla stazione che il treno già si muove e facciamo appena in tempo ad aprire uno degli ultimi sportelli, lo sappiamo che, oltre che su una carrozza *di coda*, stiamo salendo su una metafora? Il concetto di coda appartiene al parlare figurato, in quanto ci immaginiamo il convoglio come un lungo serpente, la cui coda trasportiamo (metafora, dal greco, vuol dire *parola trasportata*) dalla giungla ai binari, per dare maggior risalto e vivezza al treno in partenza. Nel nostro poetico furor metaforico abbiamo fatto a pezzi il corpo umano, lottizzandolo come segue: testa di ponte, bocca da fuoco, occhio del ciclone, collo della bottiglia, violino di spalla, dorso del monte, polmone dell'economia, ventre d'una caverna, piede del letto, mano della giustizia, e aggiungiamoci pure l'onorevole Evangelisti, braccio destro di Giulio Andreotti.

I traslati sono figure retoriche prodotte dall'associazione d'idee, attività mentale instancabile nello scoprire affinità tra due cose, due pensieri, che poi collega mediante la congiunzione *come*. Se scrivo:

Quella donna è *come* un angelo

abbiamo una similitudine, dove le due entità, la donna e l'angelo, conservano la propria personalità. Ma se desidero esprimere con maggiore immediatezza il frutto dell'associazione d'idee, abolirò il *come* e scriverò:

Quella donna è un angelo

dove al rapporto di somiglianza si è sostituito quello d'identità. In tal caso avremo la metafora. La metafora è più pregnante della similitudine, nella quale il *come*, simile a un ponte lanciato tra due rive, collega, senza unificarli, i due termini della comparazione. Invece in *quella donna è un angelo* la donna e l'angelo diventano la stessa cosa. L'identità sarà ancor più pregnante se eliminiamo il verbo e scriviamo:

donna-angelo.

Analogamente, dalla similitudine:

Questa legge elettorale è *come* una truffa

ricaviamo la metafora:

Questa legge è una truffa

e il titolo per un giornale:

Legge-truffa.

Pitigrilli disse: «Il primo che guardando una donna esclamò: "Bella come una rosa" fu un poeta; il secondo, un cretino». Alludeva alla supina ripetitività dei modi di dire, diventati luoghi comuni. Ciò non toglie che continuiamo a fare della poesia, sia pure inconscia e copiata, ogni volta che parliamo d'inflazione galoppante (paragonata ad un cavallo che galoppa a dispetto del fantino), di un mare di gente (la folla che ondeggia come il mare), di rami secchi da tagliare, instaurando un paragone tra le spese dello stato e l'albero. Il meccanismo è semplice. Tra le due entità l'associazione mentale ha scoperto un elemento comune: l'improduttività di alcune spese e quella di alcuni rami. Attraverso questo elemento comune si opera il trasporto (tali figure si chiamano anche *traslato*, trasferimento) dei *rami secchi* dalla sede propria, naturale, che è il linguaggio botanico, alla sede analogica, figurata, che è il linguaggio amministrativo. La metafora abbellisce il discorso, purché si limiti a una semplice pennellata. A questo punto deve intervenire il buon gusto a bloccare grottesche estensioni e deduzioni. Elegante ed efficace la metafora: *il cammello è la nave del deserto*. Ma fermiamoci qui. Non sfruttiamola oltre. Solo un barocco secentista, incontrato il cammelliere, gli direbbe: «Buongiorno marinaio».

Due o più metafore convivono tranquillamente sotto il tetto della stessa frase, purché appartengano allo stesso ordine di concetti. Posso dire:

Quella donna è un angelo, ma suo marito è un demonio

ma ha fatto ridere tutti quel deputato che esclamò in Parlamento:

Il carro dello stato naviga sopra un vulcano.

È già difficile che un carro navighi sul mare... Cerchiamo di capire come è nata l'infelice espressione. Non c'è dubbio che alla mente del malaccorto oratore si affacciarono contemporaneamente tre seducenti immagini: lo stato come un carro che va col suo carico di problemi e di debiti; lo stato come una nave sballottata nella tempesta; e la situazione generale del paese prossima ad esplodere come un vulcano. Fatta un'analisi sulla compatibilità delle tre immagini, per accertare se fossero omogenee e accostabili tra loro, oppure eterogenee e ripugnanti, avrebbe potuto salvarle tutte e tre, separandole secondo il seguente modello: «Onorevoli colleghi, il nostro stato è paragonabile ad un carro sgangherato; oppure, dantescamente, ad una nave senza nocchiero in gran tempesta; e non accusatemi di catastrofismo, se vi dico che stiamo beatamente seduti sopra il cratere d'un vulcano che può esplodere da un momento all'altro». Per sua sventura (e ilarità dell'assemblea) mescolò le tre metafore in una sola frase, col disastroso risultato che abbiamo visto.

Questi sono gli scherzi dell'associazione d'idee, la quale, se non è vigilata dal buon gusto e dal buon senso, può trasformarsi in perfida associazione a delinquere. Come capitò al critico che scrisse, d'una giovanissima promessa della lirica: «*Una stella in erba che canta con mano maestra*»; e al cronista che annotò: «*Nel taccuino del presidente Craxi c'era l'altra spina nel fianco del governo: la riduzione della scala mobile*». Si domanda: la spina era nel fianco o nel taccuino?

L'ALLEGORIA

Giovan Battista Vico chiamò la metafora «una picciola favoletta». L'allegoria può essere definita «una metafora continuata».

Deriva dal greco, vuol dire «parlar d'altro» e non si limita ad un sostantivo, a un verbo, ma occupa un intero discorso, un racconto, addirittura un poema come la *Divina Commedia*. Nell'allegoria il significato letterale è un puro pretesto narrativo, uno strumento tecnico per avviare il lettore a scoprire, sotto quel velo, pensieri e verità di ben più impegnativo contenuto etico o spirituale. Insomma, il *traslato*, la trasposizione perdura dal principio alla fine.

Sono allegoria le favole esopiche (il lupo rappresenta la prepotenza brutale, l'agnello l'innocenza indifesa), le parabole evangeliche, e, sia pure con intenti più terrestri, molti manifesti pubblicitari. Affine all'allegoria è il *simbolo*, un traslato che attribuisce costantemente a una data cosa, o fenomeno dell'ordine materiale, il compito di rappresentare un fenomeno dell'ordine spirituale, o una entità astratta. Esempio:

Il verde è il simbolo della speranza. La bilancia è il simbolo della giustizia. La colomba è il simbolo della pace.

LA METONIMIA

Deriva dal greco e vuol dire «cambiamento di nome». È lo scambio di un nome con un altro, col quale il primo ha qualche relazione. Si può scambiare:

l'effetto con la causa:

Ho comprato questa casa col mio sudore (*il lavoro è la causa di cui il sudore è l'effetto*);

il contenente con il contenuto:

Ho bevuto tre bicchieri (*il vino è il contenuto*);

la materia con la cosa:

I sacri bronzi (= *le campane*) annunciano la Pasqua;

l'autore con l'opera:

Ho letto tutto Montale;

l'astratto con il concreto:

La delinquenza (= *i delinquenti*) non è stata ancora debellata;

lo strumento con chi l'adopera:

È il primo violino (= *violinista*) della Scala.

LA SINEDDOCHE

Deriva dal greco e significa «comprensione, ricevere insieme».
Consiste nello scambio tra due parole, legate da un rapporto di
quantità. Usiamo la sineddoche ogni volta che indichiamo:

la parte per il tutto:

dammi una mano, campione del volante (*sta per: auto*); una gara di
vela (*sta per: barca a vela*);

il tutto per la parte:

L'Italia ha sconfitto la Germania (*i calciatori italiani hanno sconfitto
quelli germanici*);

il singolare per il plurale:

La droga è un flagello sociale (*sta per: droghe*);

il generale per il particolare:

Il cacciatore ha nel carniere molti pennuti (*sta per: tordi, quaglie, ecc.*).

Vuol dire, dal greco, «denominazione diversa» e si caratterizza per un ardito uso dei nomi: adopera il nome proprio come comune, e quello comune come proprio.

Si verifica il primo caso quando, per designare una persona, prendiamo il nome d'un personaggio storico, letterario o mitologico che ebbe nel massimo grado le qualità da noi attribuite a quella persona. Però lo scriviamo con la minuscola: un mecenate, un giuda, un donchisciotte, come fosse un nome comune. Resi immortali dalle loro gesta, o dai loro autori, quei personaggi pagano lo scotto della gloria perdendo la loro individualità fisica, ma acquistando in cambio il valore di tipi universali, di maschere eterne valide in tutti i tempi e luoghi. Si può anzi dire che tanto più sono universali quanto meno la gente sospetta che si possono scrivere anche con la maiuscola. Qualche esempio:

Quell'industriale è un vero mecenate (*da Mecenate, nobile romano protettore delle arti*).
Al parroco era morta la perpetua (*Perpetua era la serva di don Abbondio*).
Grazie al petrolio, lo sceicco viveva come un creso (*Creso era re della Lidia, favolosamente ricco*).
Alla tua età, è pericoloso fare il dongiovanni (*Don Giovanni, personaggio del teatro, simbolo dell'amore volubile e insaziabile*).

Il secondo caso (il nome comune usato come nome proprio) lo abbiamo quando designiamo una persona mediante un appellativo che ne indica la paternità o la provenienza o una virtù eccellente o un comportamento particolare: con *il Pelide* intendiamo Achille, figlio di Peleo; con *lo Stagirita* Aristotele, nato a Stagira; con *il Poverello d'Assisi* san Francesco; con *l'Eroe dei due mondi* Giuseppe Garibaldi.

I francesi lo chiamano «alleanza di parole», ma è un'alleanza, aggiungiamo, tra nemici, perché si tratta di termini contrari, artificiosamente uniti per ottenere un particolare effetto narrativo. Esempio: il *silenzio eloquente* dell'imputato dopo la lettura dei capi d'accusa; il *muto dialogare* degli sguardi di due innamorati; *ghiaccio bollente* detto dell'attrice Anita Ekberg. Nel linguaggio politico meritano menzione, per la loro spavalderia antigeometrica, le *convergenze parallele*, e per l'audace sfida alle leggi della fisica l'*immobilismo dinamico*. Con un'allegra sequenza di ossimori Giovan Battista Marino definisce l'amore:

> Volontaria follia, piacevol male,
> stanco riposo, utilità nocente,
> disperato sperar, morir vitale,
> temerario dolor, riso dolente:
> un vetro duro, un adamante frale,
> un'arsura gelata, un gelo ardente,
> di discordie concordi abisso eterno,
> paradiso infernal, celeste inferno.

Gli antichi romani raccomandavano *festina lente*, affréttati lentamente; e il Giusti in *Sant'Ambrogio* si abbandona ai ricordi:

> Sentia nell'inno la dolcezza amara
> de' canti uditi da fanciullo...

Insomma l'ossimoro, pur di ottenere un effetto d'arte, calpesta quel fondamentale principio della logica, per il quale una cosa non può essere eguale al suo contrario. È certamente la più folle delle figure retoriche. Non per nulla, secondo alcuni etimologisti, vorrebbe dire (solita derivazione dal greco) «acutamente pazzo».

L'APOSTROFE

Dal greco, «volgo ad altra parte». Grazie a questa figura il narrante abbandona la forma del racconto per rivolgersi direttamente, appassionatamente, a persona o a cosa personificata. Nella poesia *A Silvia* il Leopardi, dopo aver ricordato le tradite illusioni della giovinezza, rimprovera la natura «apostrofandola»:

> O natura, o natura
> perché non rendi poi
> quel che prometti allor? perché di tanto
> inganni i figli tuoi?

L'EPIFONEMA

È la «morale della favola». Significa «esclamazione» e consiste nel concludere il discorso con una sentenza di natura morale, espressa enfaticamente. Esempio: «Quel truffatore che aveva imbrogliato decine di persone è finalmente finito in galera. *Credimi, l'affare migliore è sempre l'onestà*».

LA PARONOMASIA

È detta anche «bisticcio» perché accosta due parole simili per il suono, non per il significato:

Vista la svista? Traduttore = traditore. Chi dice donna dice danno.

I francesi dicono: «*Qui se ressemble se assemble*» (chi si assomiglia si unisce).

Gli antichi romani: «*Nomina sunt omina*» (i nomi sono presagi). Questa figura si serve dell'assonanza affinché il concetto entri meglio nella memoria. Verità confermata dal modo di dire popolaresco: «Vuoi che te la canti in musica?».

L'ALLITTERAZIONE

Un effetto paramusicale ottiene la pubblicità quando usa l'allitterazione, che è la ripetizione di una o più lettere, in posizione solitamente iniziale. Quando non è voluta, l'allitterazione è sciatta e cacofonica:

> *fra fra*telli, *tra tra*ditori, *con*flitto *con con*finanti.

Ma in mano ai pubblicitari produce sapienti suggestioni sonore:

> *Br... Br*ancamenta   *Ah...A*perol   *Cin cin Cin*zano.

L'ANAFORA

È simile all'allitterazione, significa «ripetizione» e ripete una parola o un membro iniziale d'una proposizione. Famosa la terzina dantesca:

> *Per me* si va nella città dolente,
> *per me* si va nell'eterno dolore,
> *per me* si va tra la perduta gente.

L'ANADIPLOSI

Abbiamo l'anadiplosi (dal greco, «raddoppiamento») allorquando nel mezzo d'un discorso ripetiamo una parola, facendone una leva per la mozione degli affetti. Maneggiata da un poeta, trasmette un'emozione; memorabile il grido di dolore di Catullo:

> Celio, la nostra Lesbia, la famosa
> Lesbia, la Lesbia che Catullo sola
> amò più di se stesso e de' suoi tutti
> or, nei crocicchi e vicoli, di Remo
> va scorticando gl'incliti nipoti.

Maneggiata dai mass media, trasmette soltanto noia. «Oggi si è riunito il *consiglio comunale, consiglio* che ha preso in esame l'annoso problema, ecc.». «La squadra ha riportato domenica una bella *vittoria, vittoria* che rafforza la sua posizione in classifica.» Sarebbe più semplice e meno stucchevole adoperare il pronome relativo e dire «ha riportato una bella vittoria *che* rafforza, ecc.». L'anadiplosi infuria specialmente nel linguaggio radiotelevisivo. E quando un annunciatore, preso dallo scrupolo, cerca un sinonimo o una perifrasi per evitare la fastidiosa ripetizione, *pezo el tacon del buzo*, perché succede di sentire, come osserva Mario Alighiero Manacorda, che «ieri Elisabetta è andata in villeggiatura nel castello della regina d'Inghilterra». Ma gli inglesi hanno una o due regine?

L'EPISTROFE

Quando nello stesso periodo si ripete più volte la parola finale d'una frase o d'un verso, abbiamo l'epistrofe (dal greco: «conversione, che si volge in su»), che è il contrario dell'anafora.

Esempio prosaico:

Il padre, indignato per l'ingratitudine dei figli, gridò: «Da trent'anni lavoro *per voi*, mi sacrifico *per voi*, rinuncio a tutto *per voi*».

Esempio poetico:

> Ma poi che 'l tempo de la grazia venne,
> sanza battesmo perfetto di *Cristo*,
> tale innocenza laggiù si ritenne.
> Riguarda ormai ne la faccia che a *Cristo*
> più si somiglia, ché la sua chiarezza
> sola ti può disporre a veder *Cristo*.

(*Paradiso* **XXXII**)

IL CHIASMO

Nell'alfabeto greco la lettera *chi* ha la forma d'una X, d'una croce.

Se dico:

Tutti per uno
uno per tutti

e congiungo con una linea i due *tutti* e i due *uno* ottengo una croce, che è la forma della lettera *chi*. Donde *chiasmòs*, chiasmo, figura che dispone in ordine inverso due membri d'una frase, concettualmente corrispondenti. Altro esempio: *Mangio per vivere, non vivo per mangiare.*

LO ZEUGMA

Significa «aggiogamento» perché «aggioga» ad un unico verbo due costrutti, uno solo dei quali è pertinente. Ancora un esempio dantesco: il conte Ugolino, accingendosi a raccontare la sua atroce storia, dice:

Parlare e lacrimar vedrai insieme.

Senza lo zeugma avrebbe detto, con innegabile crollo della tensione lirica:

Mi vedrai lacrimare e mi sentirai parlare.

L'ANACOLUTO

Deriva dal greco, vuol dire «senza seguito, sconnesso». È una rottura improvvisa del filo del discorso, sotto l'urgere d'una emozione, per cui il discorso, iniziato secondo una certa costruzione, finisce con un'altra, sintatticamente incoerente. È un vero e proprio «deragliamento» del pensiero, frequente nel linguaggio familiare, popolare, dove prevale il sentimento, e anche in molti scrittori quando, per dare spontaneità alla frase, si affidano alla passione e alla fantasia, disobbedendo deliberatamente ai precetti della logica.

Se il distratto Pierino scrive nel compito:

> Io, il mio divertimento è dove si gioca

merita un segnaccio blu, perché ha messo un soggetto, *io*, dimenticando di dargli un predicato verbale. Se invece Giovanni Pascoli, cacciato dopo l'assassinio del padre dalla casa natale, scrive in *Romagna*, con le lacrime agli occhi:

> Io, la mia patria or è dove si vive

crea un anacoluto vibrante di tensione emotiva. La differenza tra lui e Pierino è che lui sa di violare la regola, Pierino no. Al contrario del diritto penale, nel quale la premeditazione è un'aggravante della trasgressione, nel «diritto letterario» la premeditazione non solo estingue la colpa, ma la trasforma in una virtù, ne fa un vezzo d'arte. Altri anacoluti troviamo nei *Promessi sposi*:

> Quelli che muoiono, bisogna pregare Iddio per loro.
> Noi altre monache ci piace di sentire le storie.

A Pierino l'anacoluto è assolutamente proibito. Potrà usarlo quando sarà scrittore anche lui.

XV

La parola come diplomazia

L'IPERBOLE

Digerisco anche i sassi. È un secolo che non ti vedo. Corre come il vento. Te l'ho detto mille volte. Muoio di sete. Arrivo in un batter d'occhio. La fede che muove le montagne. Dammi un goccio di vino. Spaccare un capello in quattro. Possedeva un fazzoletto di terra.

Sono tutte iperboli, equivalente greco della nostra «esagerazione»: per eccesso o per difetto. L'iperbole è una figura retorica che carica i toni e le tinte, sconfinando oltre i limiti della realtà e della possibilità. Quando dico: *quell'uomo è molto basso*, mi esprimo in termini oggettivamente riscontrabili; ma se per far colpo sull'ascoltatore dico *quell'uomo è un pigmeo*, uso un'iperbole. Lo stesso avviene se, di un uomo grande e grosso, dico *è un gigante*. (Detto tra parentesi, spesso chi usa questa «figura» è un contaballe. Gli etimologisti escludono una parentela tra balla e il greco *hypér bállo*, lancio oltre, da cui deriva *iperbole*: ma la tentazione è grande.) Molte similitudini, metafore e metonimie hanno valore d'iperboli. Una metafora più un'iperbole ha generato lo slogan zoomeccanico: *Metti un tigre nel motore*.

LA LITOTE

È il contrario dell'iperbole, deriva dal greco, vuol dire «semplicità, tenuità» ed ha la funzione di dire meno di ciò che si desidera far capire: vuoi per diplomazia, vuoi per non offendere qualcuno. Invece che affermare un concetto, la litote preferisce negare il suo contrario. Classico l'esempio manzoniano: *Don Abbondio non era nato con un cuor di leone* (vale a dire: era un pauroso).

Usa la litote il professore che, alla domanda del genitore: «Come va mio figlio?», risponde: «Non c'è male» (cioè è appena sufficiente). Per mesi un governo italiano si è retto su una litote, ché tale era la *non sfiducia* votata dalle Camere negli anni della «solidarietà nazionale». Da notare la finezza: la fiducia è un consenso pieno, totale; la non sfiducia equivale al ragionamento: fidarmi di te sarebbe troppo, per ora mi limito a dichiarare che non diffido. In pratica la litote si colloca in una via di mezzo tra due affermazioni nettamente contrarie:

1. Quella donna è bella.
2. Quella donna è brutta.
3. Quella donna non è brutta.

Mediante la litote, escludo la bruttezza, ma mi guardo bene dall'attribuirle la bellezza. Insomma, è così così. Quando invece diciamo: *quella donna non è bella* è di rigore dorare la pillola aggiungendo *però è tanto intelligente*.

L'IRONIA

Dal greco, significa «finzione» e consiste nel sottolineare una realtà con l'apparente dissimulazione della sua natura. Se la litote afferma indirettamente una cosa negando il contrario, l'ironia usa paradossalmente le parole nel significato contrario a quello loro proprio. E come lo si capisce? Dal tono della voce.

Se Pierino frantuma col pallone un prezioso specchio del Settecento e il babbo esclama: «*Bravo, bravissimo!*», non deve intendere queste parole come un'approvazione, ma come un rimprovero. Così il cacciatore quando sbaglia il fagiano e il compagno gli grida: «*Bel colpo!*». In altre parole, con l'ironia noi diciamo l'opposto di ciò che pensiamo non per mascherare il nostro pensiero, ma per renderlo più affilato e tagliente. Costringendo l'ascoltatore, insospettito dal tono della voce, a capovolgere il senso della frase, lo facciamo partecipare al nostro lavoro mentale: in un certo senso, collabora allo sfottò di cui è vittima. Secondo il Vico, che metteva al primo posto, nella cronologia dell'evoluzione umana, l'età della fantasia, e al secondo quella della razionalità, l'ironia appartiene a quest'ultima, non può che essere espressione razionale, perché presuppone il confronto del vero con il falso: è il falso che prende la maschera di verità, confronto impossibile nell'età della fantasia e della poesia.

Quando perde il suo sorridente, intellettualistico distacco per assumere toni violenti, mordaci, l'ironia si chiama *sarcasmo*, la cui etimologia la dice più lunga di cento discorsi: dal greco, come il solito, e vuol dire «lacerazione della carne». Al fondo dell'ironia serpeggia un malinconico scetticismo, una rassegnata commiserazione, quasi una indulgenza verso le miserie umane. Nel sarcasmo invece vibra uno sdegno morale, una rabbia alimentata da saldi princìpi, spesso da una fede. L'ironia ride del mondo senza illudersi di poterlo cambiare. Il sarcasmo, nel suo aggressivo furore, è sorretto dall'ottimismo della volontà: crede che il mondo possa migliorare, perciò si scaglia contro chi ne ostacola il miglioramento. Il sarcasmo è proprio dei profeti, dei riformatori, degli apocalittici fustigatori di costumi. Un esempio classico di sarcasmo è l'invettiva dantesca:

> Godi Fiorenza, poiché se' sì grande
> che per mare e per terra batti l'ali
> e per l'inferno il tuo nome si spande.

L'EUFEMISMO

Se la litote attenua la durezza, la sgradevolezza d'un concetto, negando il suo contrario, l'eufemismo (dal greco «parla bene») l'attenua ricorrendo a sinuose perifrasi, a blandi sinonimi. Non prende di petto la realtà, la aggira. È una sorta di vaselina del pensiero, per cui lo zoppo diventa *claudicante*, il cieco *non vedente*, la prostituta *lucciola*, il pazzo *alienato*, il carcere *casa di pena*, il riformatorio *pensionato giovanile*, il vecchio *anziano*, il cesso *W.C.*. Scomparso, con i polli ruspanti, l'antico ladro di galline, è scomparsa anche la parola *ladro*. Commesso da un dirigente di banca il *furto* si chiama *ammanco di cassa*; da un ministro, *peculato*. Negli asettici dibattiti televisivi *lei non dice la verità* è sostituito da *la verità sta in altri termini*. Quella che i padroni, telefonando alla polizia, chiamano *occupazione della fabbrica* gli scioperanti definiscono *presidio* (senza precisare contro quali ladri o vandali), e ciò che loro bollano come *crumiraggio* viene dai crumiri proclamato *libertà di lavoro*. La *ritirata* nei bollettini militari diventa *rettifica del fronte*; il *concubinaggio*, in quelli mondani, *affettuosa amicizia*; il *licenziamento*, in quelli economici, *alleggerimento della mano d'opera*. Il Manzoni giudica «ipocrita» la figura dell'eufemismo e riesce difficile dargli torto. Nell'antica civiltà contadina il far l'amore dei fidanzati era eufemizzato in *discorrere, parlare*. Nel Veneto si diceva *Toni el discore co la Rosina*. Nove mesi dopo nasceva un bambino. Chissà quanti ne sarebbero nati se, invece d'un discorso, avessero fatto l'amore.

L'eufemismo che dolcifica le cose amare non poteva non interessarsi alla più amara di tutte: la morte. Il linguista Tristano Bolelli cita un libretto, scritto cent'anni fa da Luigi Morandi, istitutore di Vittorio Emanuele III: *In quanti modi si può morire in Italia*. Sono la bellezza di 170 sinonimi e perifrasi, divisi in nobili, familiari e scherzosi. Il Foscolo chiama la morte *fatal quiete* e noi, foscoleggiando, scriviamo nei necrologi: *addormentarsi nel Signore, riposare in pace, passare a miglior vita, volare al cielo, tornare alla casa del Padre, rendere l'anima a Dio, lasciare questa valle di lacrime, terminare la propria giornata*.

Càpita tuttavia che l'eufemismo, con l'uso, si logori. Creato per velare una verità cruda, dolorosa, eccetera, questa un po' alla volta prende il sopravvento e spezza l'involucro in cui era stata avvolta, riaffiorando in tutta la sua crudezza, dolore, eccetera. Quindi bisogna mascherarla con un nuovo involucro, un altro eufemismo, meno consumato. *Cimitero*, osserva Bruno Migliorini, era in origine un eufemismo; significando *luogo ove si dorme*, rimuoveva il tabù della morte. Ma la morte un po' alla volta si è impossessata di questo vocabolo, annullandone la funzione eufemizzante. Perciò fu necessario, sempre per allontanare quel terrificante concetto, inventare un altro eufemismo: *camposanto*, ma anche questo, col passar del tempo, da termine *figurato* è diventato *proprio*, ripresentandoci ancora una volta, nonostante i nostri sforzi dissimulatori, l'ineliminabile idea della morte. Né sembra destinato a maggior successo il patetico tentativo fatto da un giornale di provincia, che ritenendo conturbante per i lettori la rubrica quotidiana dei NATI E MORTI, modificò il titolo in NATI E SOTTO I CIPRESSI.

LA PERIFRASI

Parla chiaro, senza tante perifrasi, diciamo a chi la tiene troppo lunga, con discorsi divaganti o tortuosi. Facciamo una perifrasi (sempre dal greco: «giro di frase») quando indichiamo il cielo con *volta stellata*, l'Italia con *il bel paese dove il sì suona*, il presidente della repubblica con *il primo cittadino d'Italia*.

Anche *sto leggendo* un libro (= leggo un libro), *sto guardando* la televisione (= guardo la televisione) sono perifrasi. La perifrasi si apparenta con l'eufemismo quando cerchiamo, allo stesso tempo, di dire e non dire. I puritani dell'Ottocento chiamavano il toro *marito della mucca*.

La perifrasi si sposa alla metafora quando chiamiamo la barba *onor del mento*, il leone *re degli animali*. «Le preziose ridicole» di Molière ne facevano grande spreco. Ecco un dialogo tra la serva Marotte e le padroncine Magdelon e Cathos:

Marotte - C'è un lacchè, che domanda se loro sono in casa e dice che il suo padrone vorrebbe venire a visitarle.

Magdelon - Impara, sciocchina, a esprimerti meno volgarmente. Devi dire: c'è un necessario che domanda se loro sono nella comodità d'essere visibili [...]. Presto, vieni a portarci il consigliere delle grazie.

Marotte - In fede mia, non so proprio di che bestia si tratti. Perché non parla cristiano?

Cathos - Portaci lo specchio, ignorante.

XVI

Scrivere una lettera

Molti credono che lo scrivere sia un esercizio da lasciare ai dotti, una pratica « letteraria » avulsa dalla realtà quotidiana. Dopo il tema di maturità, difficilmente l'ex studente avrà occasione di prendere in mano la penna, per scrivere alla fidanzata o per inviare un biglietto di condoglianze: oggi si telefona, si fa più presto. L'epistolografia è stata uccisa dalla tecnologia: la lettera, istituzione civile plurimillenaria, fondata sulla comunicazione differita e sul dialogo separato, cede il posto alla telefonata, cioè alla comunicazione simultanea e al dialogo congiunto. E quando un ufficio pubblico, al quale abbiamo telefonato per ottenere un'informazione, una patente, una concessione governativa, ci risponde: presenti domanda scritta, cominciano i dolori.

Abituati a comunicare attraverso il parlato, la cui scarsità di vocaboli viene, bene o male, integrata dai gesti, che sono la punteggiatura della conversazione, dalla mimica facciale, dal tono della voce e dallo sbrodolamento di *cioè, insomma, non c'è problema*, abbiamo perduto, senz'accorgercene, l'allenamento alla riflessione analitica, al concatenamento logico dei pensieri, alla pulizia della forma, requisiti insostituibili della comunicazione scritta. Molti studenti universitari, pur dotati di un brillante libretto, si trovano in difficoltà quando devono redigere la tesi e dare non diciamo decoro letterario, bensì un minimo di decenza linguistica al frutto delle loro laboriose e intelligenti ricerche. Intelligenti ma, sul piano della scrittura, incomunicabili.

Nelle scuole elementari e medie, innovazioni didattiche incoraggianti uno spontaneismo pseudocreativo hanno bandito come repressiva la vecchia abitudine dei temi, in classe e a casa. Un tempo ci si preoccupava (anche troppo) del bello scrivere; adesso lo scrivere non è né bello né brutto: è semplicemente scomparso. E quando si fa un'esercitazione scritta, perdura in taluni insegnanti il pregiudizio che il saper scrivere coincida col saper scrivere di storia e fatti letterari. I fatti sociali, familiari, personali sono esclusi, perché considerati extra-culturali. Eppure la lingua è un mezzo, non un fine a se stesso, e serve anche per gli usi pratici della vita quotidiana. Per esempio, scrivere una lettera, un reclamo.

PROTESTA PER UNA CONTRAVVENZIONE

Signor comandante dei vigili urbani,
    ieri, in via Mazzini, un vigile ha multato la mia auto, targa XY 911786. Avevo torto marcio, era parcheggiata sul marciapiede. Mentre lui scriveva la contravvenzione, sono arrivato sul posto e gli ho fatto notare che nell'adiacente via Cavour c'erano altre macchine, circa una decina, ferme come la mia sul marciapiede, ma sotto il loro tergicristallo non v'era alcun biglietto. « Quelle non le posso multare, » mi rispose il vigile « si tratta di vetture appartenenti a impiegati che hanno il permesso del municipio. » « Permesso scritto? » « No, » precisò il vigile « è un'antica consuetudine. Siccome dovrebbero, per trovare un parcheggio, fare duecento metri a piedi, parcheggiano in luogo vietato. Da anni. E nessuno finora ha mai protestato. » Ebbene, ora protesto io e la informo che non ho alcuna intenzione di pagare la multa, se non vengono multati anche gli altri. Non è ammissibile che un regolamento sia rispettato in via Mazzini e calpestato in via Cavour, col beneplacito del Comune. Spero quindi che lei voglia annullare la contravvenzione, in caso contrario farò opposizione e parleremo della cosa davanti al pretore. Mica per antipatia verso di lei, signor comandante, ma verso le ingiustizie che, quanto più sono piccole, tanto più sono irritanti, appunto perché basterebbe un po' di buona volontà per eliminarle.
    Ossequi.

LA LAVATRICE GUASTA

Spettabile ditta,

ho una vostra lavatrice che ha funzionato molto bene fino a pochi giorni fa, quando il motore si è guastato e adesso non va più. Un tecnico mi ha detto che occorre cambiarlo. Che disdetta: giusto la settimana scorsa è scaduta la garanzia di sei mesi, rilasciatami al momento dell'acquisto. Ora io non vi chiedo di fornirmi gratis un motore nuovo, non avete nessun obbligo, però dovete riconoscere che siete stati molto fortunati: se il guasto si fosse verificato una settimana prima, voi ora dovreste risponderne. Concludendo: se acquistassi una nuova lavatrice, sareste disposti a farmi un forte sconto sul prezzo? La mia è una domanda, non una pretesa. Ma se l'accoglierete, parlerò bene di voi in tutto il condominio (24 appartamenti) di cui sono la portinaia. Ve lo garantisco. E con una garanzia molto superiore a sei mesi.

Un cordiale saluto.

IL CONDOMINIO RUMOROSO

Signor amministratore del condominio « La rosa rossa »,

risultando inutili le proteste fatte direttamente, mi rivolgo a lei perché intervenga a eliminare un inconveniente che si protrae da tempo. Questa volta non si tratta delle infiltrazioni di umidità. È una cosa ben diversa: l'inquilino dell'appartamento di sopra tiene acceso a tutto volume il televisore; pazienza se ciò avvenisse nelle ore diurne, purtroppo il frastuono si prolunga fino nel cuor della notte. E noi, di sotto, non riusciamo a dormire. Credo che il regolamento del condominio, oltre a vietare i cani, obblighi gli inquilini a non dar fastidio al prossimo.

Le sarò grato se potrà fare qualcosa a tutela del mio sonno.

LA FINESTRA VIETATA

Signor sindaco,

tra sei mesi mi si sposa un figlio. Non potendo rientrare in possesso di un mio appartamento, occupato da un inquilino che non riesco a sfrattare (la legge me ne dà facoltà, in quanto l'immobile serve alla mia famiglia, ma lui ha già ottenuto tre proroghe), ho deciso di accogliere i futuri sposi in casa mia, eseguendo alcuni lavori di adattamento, necessari quando si aumenta di numero. Perciò mi trovo nella necessità di fare un secondo gabinetto e aprire una piccola finestra. Però il geometra progettista mi ha detto che gli attuali regolamenti vietano, nel centro storico, anche l'apertura d'una finestra. Io, per mia sventura, abito nel centro storico. Con questa lettera, le chiedo rispettosamente di esaminare il progetto, che le allego, e di dirmi in coscienza se questa finestrella, di 40 centimetri per 40, deturpa l'estetica della via. Considerato anche il fatto che essa dà sul retro della casa.

Allego la planimetria.

La ringrazio dell'attenzione e la saluto cordialmente.

RALLEGRAMENTI PER UNA LAUREA

Caro Michele,

finalmente il tuo Andrea ha terminato gli studi, coronando il sogno della laurea. Rallegramenti. Questa è una giornata di gioia per voi e per tutti coloro che, come il sottoscritto, partecipano con fraterno sentimento d'antica amicizia alle vicende della vostra famiglia. Auguro al neo dottore (i risultati scolastici autorizzano la previsione) la più brillante carriera, frutto e ricompensa dei lunghi sacrifici affrontati da Andrea, studiando, e da te, mantenendolo agli studi.

Vi abbraccia il vostro

CONDOGLIANZE A UN VEDOVO

Caro Giovanni,

sono sbalordito. La notizia dell'improvvisa, immatura scomparsa di Elvira mi è giunta mentre sfogliavo un vecchio album di foto, che vi mostrano fidanzati, in gita sul lago Maggiore. Elvira era una donna eccezionale, chi l'ha conosciuta non dimenticherà mai la sua finezza e sensibilità d'animo, la generosità, la discrezione. Immagino lo strazio tuo e dei tuoi figli, rimasti orfani nell'età in cui c'è ancora tanto bisogno dell'affetto e delle cure materne.

[*A questo punto si offrono delle varianti. Se mittente e destinatario sono credenti, la lettera proseguirà così:*]

In quest'ora di lutto unisco le mie preghiere alle tue, affinché il cielo ti dia la forza di sopportare la dura prova, con l'aiuto della fede, unica medicina contro tutti i mali. Coraggio, Giovanni: *vita mutatur, non tollitur.*

[*Se il mittente è agnostico, e credente il destinatario:*]

Nella terribile sventura, tu hai almeno il conforto inestimabile della fede, un sostegno che francamente ti invidio, e che io non ebbi allorquando, tre anni fa, perdetti mio figlio in un incidente stradale.

[*Se il mittente è credente, e agnostico il destinatario:*]

Se tu avessi il dono della fede, il tuo dolore ti sembrerebbe sicuramente più sopportabile, il pensiero di rivedere un giorno Lassù la tua adorata Elvira renderebbe meno amara l'attuale separazione. Purtroppo la Provvidenza non ti ha donato questa consolante grazia, perciò mi sento con ancor maggiore tenerezza vicino a te, e al tuo dolore privo di speranza.

[*Se sono agnostici entrambi:*]

Non rivedremo più Elvira. Essa ha varcato la soglia della Grande Ombra, un destino cieco l'ha strappata agli affetti tuoi e dei tuoi figli. Il tempo, nient'altro che il tempo potrà medicare il vostro dolore. «Noi siamo per gli dèi» dice Shakespeare in *Re Lear* «quello che sono le mosche per i ragazzi: ci uccidono per divertimento.»

1. Se il destinatario è un parente o un amico, gli si rivolge con un *caro, carissimo*. Se è un superiore, una persona di riguardo o uno sconosciuto, scrive: *Gentile signora, Chiarissimo professore, Egregio dottore*. Sebbene logorato dall'uso, *egregio* contiene un lusinghiero apprezzamento, derivando da *ex grege*, fuori del gregge, ed è il contrario di *gregario*, colui che vive nel gregge.

2. Al papa si rivolgerà con il vocativo *Santità*, oppure *Santo Padre*, a un cardinale dirà *Eminenza*, a un vescovo *Eccellenza*, a un prelato *Reverendo monsignore*.

3. Dirà invece: *Signor* presidente della repubblica, *Signor* ministro, *Signor* prefetto, *Signor* generale, essendo stato abolito, nelle gerarchie laiche, il titolo di Eccellenza. Un titolo facilissimo da abolire. Da noi è stato soppresso parecchie volte, la prima fu con Garibaldi, che lo vietò appena sbarcato in Sicilia. Ma nonostante i divieti, esso sopravvive per lo struggente, intimo piacere che procura all'inferiore l'uso d'un titolo sonante, ampolloso, quasi lo facesse partecipare di rimbalzo all'onore, al potere, al carisma impliciti nel magico vocabolo. Ministro nell'immediato dopoguerra, Pietro Nenni stilò una circolare per abolire questo epiteto, retaggio d'una mentalità scarsamente democratica. Preparata la bozza, la diede a un dattilografo del suo gabinetto, che ne batté alcune copie e poi le mise in una cartella sulla quale scrisse, con diligente grafia: «Alla firma di Sua Eccellenza il ministro».

4. Tra tutti i vocativi, *signore* resta il più elegante e dignitoso, per chi lo dà e per chi lo riceve. Purtroppo in Italia, l'abbiamo già visto, si preferisce usarlo come insulto o sfida: «Lei, signore, non sa chi sono io».

5. Nelle lettere indirizzate a persona di riguardo, una vecchia consuetudine suggerisce di scrivere con la maiuscola i pronomi e gli aggettivi possessivi: Desidero ringraziarLa; ricorderò sempre le Sue premure. A proposito della maiuscola, essa è d'obbligo: all'inizio d'una frase; con i nomi propri, i cognomi, i sopran-

nomi (*Mario Rossi*, *Paolo Caliari detto il Veronese*); libri, opere d'arte, giornali (*la Divina Commedia*, *la Cappella Sistina*, *la Gazzetta Ufficiale*); toponimi (*Via Margutta*, *Vicolo dell'Orso*); feste e ricorrenze (*il Natale*, *la Liberazione*); fatti storici (*il Quarantotto*); simboli sacri (*Dio*, *la Vergine*); corpi celesti, intesi nel loro valore astronomico (*la Terra gira intorno al Sole*, però: *sono caduto per terra*, *mia sorella ha preso troppo sole*); enti, società, associazioni (*il Touring Club Italiano*, *la Rai*, *la Fiat*); dopo i due punti che introducono un discorso diretto (*chiese:* « *Mi presti centomila lire?* »). Per il re e il presidente della repubblica, non esistendo regole precise, l'uso della maiuscola si lascia alla fede, monarchica o repubblicana, dello scrivente.

6. *Cari* saluti è un non senso, osserva Giovanni Ansaldo nel *Vero signore*; i saluti sono cari a chi li riceve, non a chi li dà. Anche *distinti* saluti solleva perplessità. Esistono forse due tipi di saluti, quelli facili da confondere, e quelli che si distinguono a prima vista? Altrettanto dicasi per *sinceri* auguri. L'augurio è sempre sincero. Ci mancherebbe altro che fosse falso, ipocrita. Se proprio desidera rafforzare auguri e saluti, il mittente premetterà *affettuosi* o *fervidi* o *cordiali*. *Cordiali* deriva dal latino *cor*, cuore. E un saluto fatto col cuore, dice tutto.

7. Una lettera si può scrivere anche a macchina. Non la firma, che deve essere sempre autografa.

8. Chi manda un invito per una conferenza, un congresso ecc. si guardi dallo scrivere « La S.V. è gentilmente invitata a partecipare, ecc. ». Quel *gentilmente* è una cafonaggine bella e buona, equivale a dire: « Io invito in maniera gentile la S.V. a partecipare » lasciando intendere che è anche possibile invitare in maniera sgarbata e villana.

9. Sbaglio peggiore commettono gli incauti che spostano il *gentilmente* e scrivono: « La S.V. è invitata a voler gentilmente partecipare ». Un invito redatto in questi termini addirittura offende il destinatario, sospettandolo capace, qualora abbia la luna per traverso, di partecipare sì, ma villanamente.

10. Negli avvisi pubblici, nei bandi di concorso, i termini di sca-

denza per presentare una domanda, fare un ricorso o altro sono fissati con l'immancabile «entro e non oltre il [segue la data]». Il *non oltre* è una sciocca tautologia, spiegabile tramite Freud: infatti sottintende la non mai sopita vocazione italiana alla proroga, al rinvio.

I CATTIVI ESEMPI

XVII

Il Mec delle lingue

Noi leggiamo senza eccessiva difficoltà i testi del Due e Trecento. « Nel mezzo del cammin di nostra vita » è un verso composto di parole tuttora in uso, invece gl'inglesi e i francesi di media cultura trovano scarsamente comprensibili i loro autori antichi. Il loro idioma è cambiato molto più rapidamente del nostro. Ci informa il linguista Tullio De Mauro che il 56 per cento dei vocaboli adoperati oggi erano già presenti nel linguaggio del Duecento, e che il 15 per cento sono stati immessi nella lingua da Dante. Il quale è, alla lettera, il padre della lingua. Ma se tornasse a vivere, stenterebbe a riconoscere la figlia. E lo smarrimento che noi proviamo davanti a *Papè Satàn papè Satàn aleppe*, non è nulla in confronto di quello che proverebbe lui, moltiplicato per mille, davanti a baby-sitter, blue-jeans, bungalow, camping, commando, dépliant, derby, doping, dribbling, engagé, gap, hostess, Kitsch, manager, marketing, offset, outsider, part-time, passe-partout, play-back, premaman, sit-in, topless, slalom, test, toast, vamp, verve, western, yacht, zoom. Eccetera.

Vi fu un tempo in cui l'Italia subiva il fascino e l'invasione dei francesismi, ma appena possibile li traduceva in italiano, convertendo chauffeur in autista, réclame in pubblicità, chèque in assegno, frappé in frullato, tour in giro, atelier in sartoria, mannequin in indossatrice. Ma nei confronti dei dilaganti anglismi ci manca ora la possibilità ora la volontà di sostituirli con un equivalente termine nostrano, e talvolta abbiamo tradotto sbagliando, come quando rendiamo il verbo *to realize*, rendersi conto, comprendere, con *realizzare*, che invece significa attuare un progetto, tradurlo in realtà.

Parallelamente al *franglais* in Francia, si è formata una nuova lingua ibrida, non insegnata dalla cattedra, ma inventata di giorno in giorno, chiamata *itang'liano* o anche *italiese*, e accolta a braccia aperte negli ambienti industriali, nel gergo sportivo, nei circoli intellettuali. Oggi, per fare carriera, portare la borsa al principale non basta più. Occorre mettere la parola giusta al posto giusto, e questa parola deve essere inglese. Gli elegantoni d'una volta mandavano a stirare le camicie a Londra. Noi vi mandiamo il lessico, perché si risciacqui in Tamigi. Non offriamo un aperitivo ma un *drink*, il *relax* pare che sia molto più rilassante del riposo, per un *week-end* possiamo spingerci fino alle Baleari, mentre per un fine-settimana basta la Brianza.

In un quotidiano, la pagina riservata alla ricerca di personale qualificato offre «a giovane fortemente motivato alle problematiche specifiche» il posto di *marketing assistant*, purché abbia esperienza di *product manager*. Gli assicura buon trattamento economico previo periodo di *training*, nel quale abbia dimostrato di saper incrementare il *budget*. Dopo tutto questo inglese, l'avviso conclude «è indispensabile la conoscenza della lingua tedesca». Un'altra inserzione offre l'incarico di capo area con diretta responsabilità del «raggiungimento del *target*».

«Che vorrà dire?» si domanda il giovane fortemente motivato alle problematiche. Apre il vocabolario e apprende che *target* è il traguardo, l'obiettivo prestabilito. Parola troppo semplice, in contrasto con il prestigioso linguaggio manageriale che s'illude d'essere avveniristico, mentre non fa che risuscitare quello dei vecchi medici ciarlatani, che scrivevano sulle ricette, al posto di acqua, *aqua fontis*, e il malato si sentiva subito meglio.

A questo punto si presenta l'eterno dilemma: innovare o conservare? Hanno ragione i puristi che vorrebbero chiudere le frontiere a tutti i vocaboli stranieri, o i lassisti che propongono di abbatterle, in nome della libera circolazione? Il giusto, come sempre, sta nel mezzo, e siccome si tratta d'una posizione di delicato equilibrio, è la meno suggestiva e la più difficile da raggiungere. Una lingua che non si evolve e rifiuta ogni apporto esterno, è una lingua morta. Ma se si evolve e cambia troppo rapidamente, accettando dall'estero tutto, brillanti e spazzatura, rischia di perdere la sua individualità, e di morire per altra via.

L'italiano è figlio del latino, con abbondanti trasfusioni di sangue forestiero e dialettale; e la forza d'una lingua consiste anche nello scegliere tra esotismi e neologismi quelli che le sono più congeniali, per poi digerirli e assimilarli. Lentamente. Possiamo paragonare la lingua a un lago, con un immissario che vi inserisce parole nuove, e un emissario che asporta quelle disusate. Da una parte escono sirocchia, poffarbacco, imperocché, dall'altra entrano computer e cassintegrato. Basta saper attendere, e il neologismo di oggi sarà l'arcaismo di domani.

Vocaboli correnti come *timbro* e *contròllore*, che nessuno si sogna di contestare, sono gallicismi belli e buoni. Tiberio, imperatore purista, si scusò in senato per dover usare la parola greca *monopolio*, però Catullo e la gioventù elegante della Roma-bene dicevano, grecamente, *mnemosynum* un regaluccio donato per ricordo, come noi dal francese prendiamo *souvenir*.

Se gli stranieri pretendessero di ritorno le parole dateci in prestito, dovremmo restituire ai germanici l'albergo, l'elmo, la spia, la stalla, il balcone, la banca, la bara, la guerra e anche la tregua. Ai greci l'abbazia, la gondola, l'anguria, il basilico, il falò (per non parlare dei nomi delle malattie). Ai francesi il ristorante, il comò, l'ascensore, il complotto, il massacro. Agli inglesi lo sport, e quasi tutta la terminologia sportiva. Agli spagnoli il baciamano, il golpe, il tango, la marmellata, l'etichetta. Agli arabi l'ammiraglio, l'alcol, la tariffa, il bazar, lo sciroppo, il quintale. Ai turchi il serraglio e lo yogurt. Ai russi la steppa e la troika. Ai croati la sciabola.

Anche i dialetti hanno dato un contributo, specialmente gastronomico, alla costruzione della lingua nazionale: il lombardo le ha portato la michetta, il risotto, il minestrone, il teppista. L'emiliano i cappelletti, la piada, il cotechino. Il romanesco l'abbacchio, il malloppo, la pennichella. Il piemontese il grissino. Il napoletano la mozzarella, la pizza, la camorra. Il siciliano la cassata e l'intrallazzo. Il veneto il ciao.

Fatta l'Italia, restarono da fare gl'italiani, profondamente divisi tra loro da vicende storiche, da differenze psicologiche, da usi e costumi, e soprattutto dalla forza centrifuga dei dialetti. Era impresa ardua unificare quello che Ennio Flaiano, più che un popolo, chiamava una collezione: che dice *mela* al Centro-sud, *milu* in Calabria, *pomo* nel Veneto, *pumu* in Sicilia, *pum* nel Nord-ovest. E il falegname si chiama *falegnam* a Bologna, *marangon* a Verona, *meisdabosc* in Piemonte, *mastredascie* a Napoli, *mastrudascia* a Catanzaro, *maistru e linnu* a Cagliari, *bancà* a Genova. E il temporale fa *piovere* al Centro-nord, *plovere* in Friuli, *ciovere* in Liguria, *chiovere* da Napoli in giù e *provere* in Sardegna. Nei dialetti diventa un'opinione anche la matematica: al *cento* dei toscani corrisponde *zento* in Liguria, *sento* in Lombardia, Veneto, Emilia, *sciento* sulle montagne piemontesi, *kento* in Sardegna.

Prima l'obbligatorietà del servizio militare, poi la scuola dell'obbligo, poi il turismo e l'immigrazione interna, infine la radio e la televisione hanno favorito l'unificazione linguistica. Il numero di coloro che, bene o male, parlano italiano si è moltiplicato negli ultimi decenni. Nel 1950 solo il 18 per cento era in grado di usare la lingua nazionale, adesso questa percentuale è salita al 75. Ora che l'unità linguistica è (quasi) fatta, cerchiamo di non snaturarla con troppo disinvolte immissioni di vocaboli stranieri. I quali, sia ben chiaro, sono necessari e legittimi se manca il corrispondente termine italiano; superflui e ingiustificati se questo esiste. Nulla da obiettare per *poker, radar, corrida, torero, offset, sex appeal, self service, harem, beat, hippy*, la traduzione dei quali in italiano non esiste, oppure è inadeguata. Ma non v'è alcun motivo per non tradurre *hors-d'oeuvre* antipasto, *terminal* terminale, *surplus* eccedenza, *full time* tempo pieno, *part time* tempo parziale, *record* primato, *big* grande, *game* gioco, *carnet* taccuino, *défilé* sfilata, *match* partita, *season* stagione, *star* stella, diva, *performance* rappresentazione, *escalation* scalata, *clearing* compensazione, *supermarket* supermercato.

Chi usa gratuitamente le parole straniere assomiglia a chi ordina lo champagne invece dello spumante non perché sia un intenditore di vini, ma per suggestione dell'etichetta. È una forma di esterofilia o, se volete, di provincialismo: le due cose, apparentemente contrarie, sono le facce della stessa medaglia, l'insicurezza, il timore d'essere considerati inferiori, *minus habentes*.

Dicevamo che, dopo secoli di diaspora dialettale, l'Italia parlante ha finalmente trovato un denominatore comune di espressione. Intendiamoci, sul piano tecnico il risultato non è entusiasmante. Scomparsi i dialetti e la loro sorgiva creatività, il loro posto è stato preso da una lingua livellata, meccanica, imitativa, che risente dell'influenza regionale e di quella televisiva, perché l'esclamazione d'un presentatore, la rima d'uno slogan, il lazzo d'un comico, un motto pubblicitario diventano immediatamente, e irreparabilmente, in virtù del martellamento del video e dell'audio, modelli esemplari, strutture portanti d'ogni conversazione. Ma ci dobbiamo accontentare, tutto non si può avere. E adesso che siamo riusciti a far dire a tutti gli italiani *mela* e *falegname*, non disorientiamoli con il target, il budget, il marketing, l'indoor, il turn over, il jogging, il net work, eccetera. Accontentiamoci che l'italiano sappia l'italiano. Non possiamo pretendere che conosca anche l'inglese. Quelli che lo capiscono saranno il 5, il 10 per cento. Supponiamo anche il 15. Si vede che ai tele-annunciatori, ai cronisti che, preoccupati di infiocchettarsi con le lingue altrui, maltrattano la propria, interessa solo quel 15 per cento. Ma a che serve parlare e scrivere, quando si è capiti solo da una minoranza? E che dire dell'orrendo *itang'liano* inventato dal cronista a caccia di notizie *choccanti*; dal cardiochirurgo specializzato nel *baipassare*; dal barman che prepara un drink *scecccherato*; e dall'annunciatrice che chiede un'indennità di *spicheraggio*?

Ciò non significa, ripetiamo, chiusura preconcetta verso esotismi e neologismi. Non fece alcuna chiusura neanche il Leopardi difendendo contro i puristi i neologismi *analisi* e *demagogo*. Interrogato dal fratello Carlo se una certa parola che non si trovava nei buoni autori si potesse usare, «è vero» rispose «che i buoni scrittori non l'hanno mai usata, ma non hanno nemmeno lasciato per testamento che non si potesse usare». L'importante è operare il trapianto con criterio e sensibilità.

C'è un mercato comune delle lingue. Chi esporta idee e merci esporta anche parole. Anche a questo riguardo la nostra bilancia dei pagamenti è in deficit. La fortuna del nostro melodramma esportò, a suo tempo, *adagio*, *andante*, *allegro*, *vivace ma non troppo*; quella della nostra cucina, in tempi più recenti, *pizza*, *spaghetti*, *espresso*. Per il resto siamo in passivo, quasi tutti i nuovi vocaboli della scienza, della tecnica, dello sport provengono da fuori casa. Niente paura, ammonisce ancora il Leopardi. Secondo lui, è una pedanteria e, peggio, una automutilazione del pensiero respingere una parola straniera «quando la nostra lingua non abbia l'equivalente, o non l'abbia così precisa e ricevuta in quel proprio e determinato senso». Anche Roma prendeva vocaboli dalla Grecia, e a proposito del francese, lingua egemone dell'Ottocento, osservava che «noi con la stessa giustificazione ed anche col vantaggio della stessa facilità il faremo, essendo la lingua francese sorella dell'italiana, siccome la latina il fu della greca».

Come sempre, è questione di misura, buon gusto e orecchio fine. Le progressiste che credono di essere *up to date* perché, affidato il bimbo alla *baby sitter*, organizzano un *meeting* e magari fanno il *sit-in* per protestare contro l'*establishment*, non sono meno ridicole dei puristi autarchici che negli anni Trenta e Quaranta italianizzarono Wanda Osiris in Osiri, amputarono la Standard in Standa, mutarono il cocktail in coccotello e il lamé in laminato. Chissà come si fa, durante una serata di gala, ad aprire il cuore d'una bella dama in laminato. Occorrerà, per lo meno, un apriscatole...

Di tutti i forestierismi trapiantati nel parlare odierno i più accettabili sono i latinismi, che non consideriamo corpi estranei, ma quasi una riunione tra parenti, sangue del nostro sangue, se è vero, com'è vero, che la lingua latina è la madre dell'italiana.

Dal latino volgare e rustico deriva gran parte del lessico d'oggi. Un po' alla volta in stalla il *caballus* soppiantò l'*equus*; per riscaldarsi invece dell'*ignis* si cominciò ad accendere il *focus* e contro il nemico non si fece più il *bellum*, ma la *guerra*. Il latino classico, ciceroniano, passando i secoli divenne incomprensibile per la gente comune. Nel '400 un podestà del Modenese ricevette una lettera in latino dal suo signore, che lo pregava di mandargli un falcone per la caccia. Diceva: «*Capias accipitrem et mitte nobis ligatum in sacculo*» (prendi un falcone e mandamelo legato in un sacco). Ma il destinatario, equivocando sul significato di *accipitrem*, fece arrestare un *arciprete* e chiuso in un sacco lo spedì al suo signore.

Se il latino era ostico agli italiani del XV secolo, figuriamoci a quelli del XX. Eppure questa lingua morta ogni tanto riaffiora, come un fiume carsico, alla superficie del nostro quotidiano parlare e scrivere. Innanzitutto gli fornisce la maggior parte dei prefissi:

mini (da minimus) = minigolf, minigonna;
maxi (da maximus) = maxiprocesso, maxigonna;
prae (prima) = pregiudizio, preposizione;
post (dopo) = postmoderno, postoperatorio;
ante (davanti, prima) = antefatto, antidiluviano;
super (sopra) = supermercato, superleggero;
bis (due volte) = bisunto, bisnipote;
contra (contro) = contravveleno, contraltare;
semi (mezzo) = semiserio, seminfermità;
ambi (da ambo, entrambi) = ambidestro, ambosessi;
retro (dietro) = retrocessione, retrovie;
trans (oltre) = transatlantico, transalpino.

Fornisce vocaboli e modi di dire alla burocrazia, alla giustizia, alla tecnica, perfino allo sport. Il televisore non funziona se l'*audio* (l'impianto sonoro) o il *video* (l'impianto visivo) sono guasti. In tribunale c'è il giudice *a latere* (a fianco). Le statistiche accertano i consumi *pro capite* (per testa). Allarmato dal *deficit* (denaro che *manca*) il governo applica l'imposta *una tantum*, che significa «una volta soltanto», non «una volta ogni tanto» come fraintendono gli ingordi ministri delle finanze. L'attore possiede una notevole *vis comica* (capacità di far ridere). Il prete ribelle viene sospeso *a divinis* (dagli uffici divini). L'aspirante a un posto presenta il *curriculum vitae* (il riassunto di ciò che ha fatto, negli studi e nel lavoro). Il deputato eletto, incontrando l'avversario trombato, gli dice *Mors tua vita mea* (la tua morte è la mia vita).

Altri prestiti del latino:

Habemus pontificem: abbiamo il papa. *Statu quo*: le condizioni attuali. *Habitat*: l'ambiente idoneo per la vita d'una pianta, d'un animale. *Vademecum*: vieni con me, detto d'una guida, d'un prontuario. *Factotum*: chi fa di tutto, e da solo. *Repetita iuvant*: le cose ripetute giovano. *Errata corrige*: correggi gli errori. *Redde rationem*: dammi una spiegazione. *Ad honorem*: a titolo d'onore. *Coram populo*: presente il popolo. *Lapsus calami*: errore di penna. *Nihil obstat quominus imprimatur*: nulla osta a che si stampi. *Non plus ultra*: oltre non si va. *Qui pro quo*: una cosa per un'altra. *More solito*: secondo la solita usanza. *More uxorio*: come marito e moglie. *Motu proprio*: di propria iniziativa. *De iure*: in forza del diritto. *De facto*: in forza del fatto. *Mutatis mutandis*: cambiato ciò che si deve cambiare. *Relata refero*: riferisco cose che mi sono state riferite. *Carpe diem*: afferra l'attimo (il giorno). *Vae victis*: guai ai vinti. *Si vis pacem para bellum*: se vuoi la pace prepara la guerra (*parabellum* è anche il nome d'una pistola semiautomatica). *In medio stat virtus*: la virtù sta nel mezzo. *Homo homini lupus*: l'uomo è lupo all'uomo. *Castigat ridendo mores*: corregge i costumi sorridendo. *Medice, cura te ipsum*: medico, cura te stesso. *Sic transit gloria mundi*: così passa la gloria del mondo.

L'esemplificazione potrebbe continuare, ma quanto detto basta a dimostrare che, sebbene cacciata dalla scuola e dalla chiesa, questa lingua morta si rivela dura a morire. Recentemente sono stati pubblicati fumetti in latino, e una traduzione di *Pinocchio*, intitolata *Pinoculus*. Il latino continua a esercitare una sottile suggestione, grazie all'arcana, rotonda sonorità del lessico, che incanta l'orecchio e la fantasia. Perciò avrà sempre vastissima clientela un albergo che si chiami *Excelsior* (più alto), e milioni di sostenitori in tutta Italia una squadra di calcio che porti il nome *Juventus* (giovinezza). Chi non tiferebbe per la più bella età dell'uomo?

XVIII

Il dolce dir niente

Un sondaggio demoscopico ha scoperto che, su cento italiani, 80 non sanno che cos'è la Corte costituzionale, 75 ignorano chi abiti a palazzo Chigi, 20 pensano che la Confindustria sia il sindacato dei lavoratori industriali. Alla domanda: «Che cos'è il garantismo?», 13 laureati su 30 hanno risposto: «Non so». Pochissimi italiani hanno capito il significato politico dello «strappo» del PCI, forse qualcuno ritiene che sia una cosa riguardante i pantaloni dei suoi dirigenti. Per 95 italiani su 100 è un mistero il lib-lab (libertà labile?), la maggioranza ignora il significato di confronto, alternativa, parti sociali, fattore K. Quando i politici parlano di riconversione, non si esclude che qualcuno la interpreti come la crisi spirituale d'un ex protestante che, passato al cattolicesimo, mediti di riconvertirsi al protestantesimo. Non è una battuta di spirito. In vista d'un censimento, furono fatte le prove per verificare la chiarezza e comprensibilità del questionario contenuto nel modulo. Una pattuglia di incaricati lo sottopose a un campione di cittadini, e alla domanda «Posizione nella professione?» un ciabattino rispose: «Seduto». Dopodiché gli autori del modulo si affrettarono a inserirvi domande meno equivoche.

Il solco che divide il paese legale dal paese reale è diventato un abisso. Un istituto di previdenza, per calcolare l'importo degli assegni familiari, ha inviato agli iscritti una circolare in cui domanda «il numero delle *vivenze* a carico». Non ha aggiunto, ma resta sottinteso, che l'interessato, in caso di decesso d'un familiare, dovrà tempestivamente comunicarne la *morienza*.

Politici, burocrati, mass media gareggiano nel parlare per enigmi, inventando i poli, il bipolarismo, la quantizzazione delle tariffe, la mappatura dei rischi, i bacini di utenza, l'ottica programmatoria, le emergenze prioritarie, il ventaglio d'iniziative, il mosaico d'interventi, la pausa di riflessione, la fase di ripensamento, la presa di coscienza: il tutto legato con verbi orrendi, come contattare, inchiestare, urgenzare, nel garrulo delirio d'un linguaggio vacuo e rimbombante, che fa diventar sordi, come gli artiglieri a forza di sparare il cannone. L'ultimo fantasma venuto a popolare questa allucinazione linguistica è l'*area*. Essa sta al partito politico come l'orbita sta al suo pianeta. Ma è più comodo appartenere a un'area. Essa non impone tessera né riunioni di sezione. Rispetto all'intellettuale di partito, quello d'area gode il vantaggio d'avere al collo una catena più lunga. Quando si spartiscono le poltrone pubbliche, la competenza è un titolo facoltativo e accessorio. Ciò che conta è appartenere all'area giusta (così continua la speculazione sulle aree).

Aree, istanze di base, incontri al vertice, raggio d'azione, sfera d'influenza, spessore ideologico: per sostenere con decenza una discussione politica bisogna essere un tantino geometri, sia pure non ortodossi (pensiamo alle convergenze parallele). Anche la tangente, che tanto lavoro dà alla magistratura, viene da Euclide. In origine era una retta che toccava in un punto una circonferenza, poi ha preso una brutta piega, un significato perverso di corruzione e bustarella. Insomma, si chiama ancora tangente, ma non è più una cosa retta.

La mania del linguaggio geometrico (ma senza *esprit de géométrie*) ha fatto scrivere a un quotidiano il titolo *Costo-lavoro, centro del vertice*. Anche Pierino sa che il centro si trova dentro una circonferenza, e non può mai essere al vertice di nulla. Così il lettore rimane interdetto davanti a scampoli di prosa dove «sentita la base, la direzione si dichiara disponibile a una riunione triangolare ad ampio raggio, per una soluzione che riaffermando la centralità del partito, ne sviluppi la dinamica nell'area democratica».

Per capire il linguaggio dei politici e dei giornali urgono anche cognizioni di medicina (diagnosticato un ulteriore collasso della lira, il ministro ha studiato una terapia d'urto che freni l'emorragia di valuta), di caccia (il prevalere dei falchi sulle colombe ha impedito all'opposizione di fare il salto della quaglia), di architettura (far muro contro muro per difendere l'arco costituzionale), di automobilismo (governo di parcheggio), di alpinismo (le cause a monte, le conseguenze a valle) e financo di panetteria (la lievitazione dei prezzi). Il sindaco d'un villaggio di appena tremila abitanti si vergogna di costruire le fogne, e le deodora chiamandole «rete dei collettori sotterranei per le discariche urbane». E nel manifesto non dice ai cittadini «*si faranno* quanto prima», ma «*si provvederà a farle*». Il carabiniere non ammanetta il camorrista: *provvede* ad ammanettarlo. L'attaccante non tira il calcio di rigore: *provvede* a tirarlo. L'aereo non collega Milano a Roma, ma «*provvede* ad assicurare il collegamento». Siamo un popolo di provveditori.

Un giornale ha trasformato una estorsione in «un fatto di natura estorsiva». In una città infestata dai topi è comparso un avviso incitante la popolazione alla «profilassi antimurina», due parole di origine greca incomprensibili ai più, non avendo la maggioranza degli abitanti, e la totalità dei topi, fatto studi classici. D'estate, sulle rive dei fiumi o dei laghi, compare il cartello «Divieto di balneazione» che in parole povere vuol dire vietato fare il bagno, ma lo dice col sadico intento che il cittadino si roda nel dubbio d'essere un perfetto ignorante.

Prima dell'avvento del parlare ermetico, gli alunni delle scuole durante l'omonima festa piantavano degli alberi, adesso li «mettono a dimora», generando nel lettore il dubbio che, fino alla festa dell'anno successivo, i poveri alberi esclusi dalla cerimonia vagheranno per monti e per valli, alla ricerca d'un domicilio, o almeno d'un recapito. Se Pierino desidera prendere un buon voto in italiano, prima di tutto eviti come peste bubbonica siffatto linguaggio. Se non infilerà nel tema nessuna delle tante espressioni oggi imperanti, che rendono difficile il facile attraverso l'inutile; se terrà lontani dalla sua pagina vaneggiamenti del tipo: palingenesi strutturale a livello emergente, metodi di accorpamento contestuale, aggregazione multipla dei messaggi interdisciplinari, l'esaminatore, leggendola, avrà la lieta sensazione di trovarsi davanti a un piccolo classico.

Lo spirito del gregge, cui si sottraggono soltanto gli *egregi*, spinge la gente *gregaria* a seguire ciecamente le parole di moda. Adesso è l'ora di *privilegiare*: si privilegia un sindacato, una trasmissione, un menù. Ti radi col rasoio elettrico? No, io privilegio ancora le lamette. Tornasse a vivere Galileo, aggiornerebbe così il suo sobrio: «Eppur si muove»: «Nonostante le pressioni dei centri di potere aristotelici che privilegiano il sistema tolemaico, la mia strategia dell'attenzione, impegnata a verificare un nuovo modello di sviluppo del contesto cosmico, non può non affermare che il nostro pianeta, nonostante le carenti infrastrutture, gira su se stesso nel democratico rispetto, beninteso, degli altri corpi celesti, mirando a un costruttivo confronto ed evitando ogni scontro frontale».

C'è una ostentazione da «nuovi ricchi» dell'alfabeto in chi, per far colpo sull'ascoltatore, tra domanda e istanza sceglie *istanza*, tra chiacchierone e logorroico sceglie *logorroico*; e preferisce *cefalea* a mal di testa, *resecare* a tagliare, *claudicante* a zoppo, *obliterare* a annullare. C'è una superbia da iniziati nel dire *escussione* dei testi, invece di *interrogatorio*; nell'*irrogare* una pena, invece di *infliggerla*; e infine nell'*associare* il condannato alle carceri, quasi fossero un club. Potremo poi stupirci se i «soci» di San Vittore un bel giorno organizzano una «gita sociale» scavalcando il muro di cinta? Avete notato il nuovo uso che si fa della parola *cultura*? Secondo il Palazzi, essa è «la dottrina, il complesso delle cognizioni che uno possiede; e anche il complesso della vita intellettuale d'un popolo in una determinata epoca». Nel nuovo significato essa indica, genericamente, un modo di vivere, un comportamento. Tutto ciò che è, per il fatto stesso di esistere, è cultura. Tizio si droga? Appartiene alla cultura dei tossico-dipendenti. Si esorcizza un vizio ornandolo con un vocabolo che, agli sprovveduti, fa venire in mente la Treccani e il premio Nobel.

Tutto è cultura, anche «la tre giorni del liscio» consigliata da un manifesto «per la vostra cultura del tempo libero». Era inevitabile che, in una società massificata, la parola cultura perdesse il suo significato selettivo e meritocratico. Purtroppo una cultura senza scala di valori non ha senso, lo dimostra il parallelo termine agrario *coltura*. Per esempio, nella coltura del riso è necessario togliere le erbacce. Nella cultura degli uomini, anche le erbacce hanno diritto di vivere e prosperare. Per questo è più facile, oggi, gustare un buon risotto che un buon libro.

Una pubblicazione a dispense, dedicata al nobile quadrupede che vanta tra i suoi eroi Bucefalo e Ribot, è stata lanciata con lo slogan: «Per chi ama la cultura del cavallo». Dubbio insistente: è il cavallo ad essere colto? O siamo noi che diventiamo colti andando a cavallo? A quando una pubblicazione: «Per chi ama la cultura dell'asino»? È stato scritto che le parole sono pietre. Peggio, sono macigni. Montagne. Una volta entrate nell'uso, è difficile rimuoverle. Perciò conviene fermarle prima che sia troppo tardi, istituendo posti di blocco per verificare se sono in regola con le leggi della buona italianità e soprattutto del buon senso. Quando c'informano che il consiglio dei ministri si è riunito d'urgenza perché «tra le molte questioni da discutere c'è, sul tappeto, anche il tetto delle pensioni», il buon senso va a farsi benedire. È già difficile vedere un tappeto sul tetto, ma un tetto sul tappeto è il colmo.

Ci perdiamo in parole, letteralmente. Da questo linguaggio contorto nasce il sospetto che il baloccarsi con il lessico, l'aggrapparsi a goffe metafore, l'attardarsi nei meandri delle parole ambigue e sfuggenti nasconda la paura dell'azione; che la girandola di a monte, a valle, al limite, nella misura in cui, copra una miseranda mancanza d'idee, quando non addirittura una frode ideologica. Molti furbescamente evitano la chiarezza e la semplicità, perché le posizioni troppo nette non lasciano scappatoie per ripensamenti e ritirate strategiche. Alcuni «teorizzatori del buio» arrivano invece a sostenere che chi è chiaro è poco profondo, e che l'oscurità è sinonimo di profondità. Come per i fiumi. Sarà. Ma in tal caso non si pretenda che il lettore vi si tuffi dentro. Egli ne starà ben lontano, senza neanche bisogno del «divieto di balneazione».

Nello svolgere il tema, Pierino cerchi dunque d'essere semplice, chiaro e conciso. Semplicità e chiarezza (vale a dire l'eleganza) si raggiungono eliminando il superfluo, le ripetizioni inutili (tautologie). È una tautologia dire, come ripetono i mass media, «il ricercato si è *auto*presentato ai carabinieri», «la vittima era stata costretta dai suoi rapitori ad *auto*impiccarsi». La forma riflessiva dell'azione è già espressa dal *si*, il prefisso *auto* (dal greco, *se stesso*) diventa una noiosa ripetizione.

È una tautologia scrivere *sono uscito fuori*, essendo impossibile uscire *dentro*. Altrettanto dicasi per *principale protagonista*. Il protagonista è *primo* per definizione (dal greco *protagonistés*). Dire il *principale*, il *primo* protagonista è ripetitivo come dire il *primo* prototipo, il *primo* protomartire. Eguale discorso vale per *interscambio*. Basta *scambio*. Non c'è scambio che non avvenga *inter*, tra due o più soggetti. Tautologico è il bando di concorso che pubblica l'elenco dei *requisiti richiesti*. Requisito deriva dal latino e significa, da solo, «cosa richiesta». È tautologico scrivere «Il sindaco ha presenziato personalmente all'inaugurazione dell'acquedotto». Il *personalmente* è superfluo, perché se uno è presente, lo è necessariamente con la propria persona. Peggio ancora: «Il sindaco ha presenziato in prima persona», espressione fuorviante, che ci induce a credere che il sindaco possa, a una cerimonia di minore importanza, presenziare *in seconda persona* (la moglie?) o addirittura *in terza persona* (la cameriera?).

Semplicità e chiarezza si raggiungono anche evitando i solecismi, grossolani errori sul tipo di quelli che resero famosi, molti secoli fa, gli ateniesi emigrati a Soli, nella Cilicia, dove imbastardirono, a contatto coi barbari, la madrelingua. Sono madornali solecismi: *vorrei che tu stassi fermo* (che stessi), *speravo che mi dassi un aiuto* (che mi dessi); *credevo che lui veniva* (che venisse); *sono dietro a leggere* (sto leggendo); *sbucciami un pero* (una pera); *mi ho comprato la moto* (mi sono comprato); *era il più peggio di tutti* (era il peggiore); *chi ti ha imparato queste cose?* (chi ti ha insegnato?); *non mi ho mai pentito di ciò che faccio* (non mi sono mai pentito); *a gratis* (gratis).

Se Pierino desidera scrivere «ieri a mezzogiorno pioveva», scriva «ieri a mezzogiorno pioveva». Oltre al politichese e al sinistrese, diffidi della retorica, megera imbellettata sempre in agguato, come è capitato a quel giornalista sportivo che esaltando l'impresa d'un ciclista impegnato in una durissima tappa dolomitica esclamò: «Ma sotto quelle mutandine batteva il cuore d'un uomo». L'enfasi è una foschia della mente che c'impedisce di vedere chiaro in ciò che diciamo o scriviamo. Ne sa qualcosa quel cronista che, narrando un delitto, commentò: «Delle cinque pallottole sparate, soltanto una era mortale, le altre fortunatamente no». O quel radiocronista che, inviato in una zona terremotata, domandò a un ferito, steso in barella accanto alle macerie della sua casa: «E lei, l'hanno estratto vivo?».

Da noi le rivoluzioni sono soltanto lessicali. A Napoli, ottenuta la costituzione dai Borboni (1820), il parlamento, invece di pensare a cose più serie, discusse se chiamare Napoli Partenope, e risuscitare i nomi di Lucani, Irpini, Marsi, Sanniti. Non si sono comportate molto diversamente le USL, chiamando gli ospedali *stabilimenti ospedalieri.* Per coerenza semantica, in questi stabilimenti i chirurghi dovrebbero indossare la tuta, non il camice, e se per caso ci scappa il morto, nessuna meraviglia, care vedove, cari orfani: dagli stabilimenti escono soltanto prodotti... finiti. Incoraggiati da questo esempio, chiameremo il liceo stabilimento scolastico e il tribunale stabilimento giudiziario?

L'ultima novità che farà ridere a crepapelle microbi, virus e streptococchi è la progettata abolizione delle qualifiche tradizionali. Quella dell'*aiuto* sarà sostituita con *posizione funzionale intermedia*, quella dell'*assistente* con *posizione funzionale iniziale intermedia*. Il *primario* ha i giorni contati, qualcuno ha suggerito di chiamarlo *medico in posizione apicale*, cioè all'apice. Che è sinonimo di vertice, ma speriamo che nessuno vorrà definirlo *medico in posizione verticale*, quasi che tutti gli altri stiano dormendo.

Contro i «parolatori», maestri nell'arte del «dolce dir niente», il professor Marco Marchi dell'Università di Pisa e il professor Piero Morosini, dell'Istituto superiore della sanità, hanno condotto uno studio linguistico, intitolato *Prontuario di frasi a tutti gli usi per riempire il vuoto di nulla*. Lo pubblichiamo nella tabella a pp. 198-199. Intrecciando a piacere i vari elementi di cui è composto, si possono ottenere dieci milioni di frasi assolutamente prive di significato. Lo offriamo a Pierino (che quando si rivolge al capo dell'istituto dice ancora, rispettosamente, «signor preside», non «signor professore in posizione apicale») quale esempio luminoso di come *non* si deve scrivere in italiano.

L'utenza potenziale	si caratterizza per	il ribaltamento della logica assistenziale preesistente	nel primario interesse della popolazione	sostanziando e vitalizzando	nei tempi brevi, anzi brevissimi	la trasparenza di ogni atto decisionale
Il bisogno emergente	privilegia	il superamento di ogni ostacolo e/o resistenza passiva	senza pregiudicare l'attuale livello delle prestazioni	recuperando ovvero rivalutando	in un'ottica preventiva e non più curativa	la non sanitarizzazione delle risposte
Il quadro normativo	prefigura	un organico collegamento interdisciplinare ad una prassi di lavoro di gruppo	al di sopra di interessi e pressioni di parte	ipotizzando e perseguendo	in un ambito territoriale omogeneo, ai diversi livelli	un indispensabile salto di qualità
La valenza epidemiologica	riconduce a sintesi	la puntuale corrispondenza fra obiettivi e risorse	secondo un modulo di interdipendenza orizzontale	non assumendo mai come implicita	nel rispetto della normativa esistente	una congrua flessibilità delle strutture
Il nuovo soggetto sociale	persegue	la verifica critica degli obiettivi istituzionali e la individuazione di fini qualificanti	in una visione organica e ricondotta a unità	fattualizzando e concretizzando	nel contesto di un sistema integrato	l'annullamento di ogni ghettizzazione

L'approccio programma-torio	estrinseca	il riorientamento delle linee di tendenza in atto	con criteri non dirigistici	non sottacendo ma anzi puntualizzando	quale sua premessa indispensabile e condizionante	il coinvolgimento attivo di operatori e utenti
L'assetto politico-istituzionale	si propone	l'accorpamento delle funzioni ed il decentramento decisionale	al di là delle contraddizioni e difficoltà iniziali	potenziando ed incrementando	nella misura in cui ciò sia fattibile	l'appianamento di discrepanze e discrasie esistenti
Il criterio metodologico	presuppone	la ricognizione del bisogno emergente e della domanda non soddisfatta	in maniera articolata e non totalizzante	non dando certo per scontato	con le dovute ed imprescindibili sottolineature	la ridefinizione di una nuova figura professionale
Il modello di sviluppo	porta avanti	la riconversione ed articolazione periferica dei servizi	attraverso i meccanismi della partecipazione	evidenziando ed esplicitando	in termini di efficacia e di efficienza	l'adozione di una metodologia differenziata
Il metodo partecipativo	auspica	un corretto rapporto fra struttura e sovrastrutture	senza precostituzione delle risposte	attivando ed implementando	a monte e a valle della situazione contingente	la demedicaliz-zazione del linguaggio

XIX

Frasi a gettone

Pare che non esista una terza via: o si scrive per luoghi oscuri o per luoghi comuni. Ecco come riesce a *non* spiegarsi un politico: « Il partito deve diventare un luogo di continua elaborazione e verifica collegiale, insomma un intellettuale collettivo, nella ricerca d'una rete articolata di circuiti, alternativi e strategici, orientati nella lotta per il superamento d'ogni forma di reificazione della persona umana ».

Un cronista, parlando d'un brigatista: « Era soprannominato "coniglio" per via di quel dentone davanti che si portava dietro fin da bambino ». Qui bisogna decidersi: il dentone era dietro o davanti?

Un commentatore di politica estera: « Ma chi stava dietro allo Scià di Persia? Certamente coloro che cercavano di nasconderne i crimini commessi ai danni del suo popolo ». Come sia possibile nascondere uno, fargli da schermo, standogli dietro, resta un mistero.

Un cineasta, durante un dibattito sulla censura: « Apologizzare l'originaria contraddizione del desiderio con una repressione altrettanto astoricamente presunta ». È curioso come questa ermetica alterigia sia frequente proprio negli intellettuali che si professano preoccupati per l'emarginazione culturale delle classi subalterne. Sono gli eredi delle *Preziose ridicole* e dei loro epigoni rococò. Non chiamano più lo specchio « il consigliere delle grazie » e i denti « il mobilio della bocca », il loro ermetismo è passato dal barocco al sociologico, con una fecondità inversamente proporzionale alla comprensibilità.

La facilità con cui procreiamo vocaboli infilati a cannocchiale (regola, regolamento, regolamentazione, regolamentarizzazione) conferma la perennità del vizio nominalistico denunciato due secoli fa da Pietro Verri, quando osservava che anche nelle lettere, come già in filosofia, c'erano gli «aristotelici» i quali coltivano la «scienza dei vocaboli» e si dichiarano «adoratori delle parole». «Immergeteli in un mare di parole» scriveva «sebbene non v'annunzino che idee inutili o volgarissime, ma siano le parole ad una ad una trascelte e tutte insieme armoniosamente collocate nei loro periodi: sono essi al colmo della loro gioia».

Il parlar difficile è entrato anche in chiesa. Cacciato dalla liturgia il latino, colpevole tra l'altro d'essersi schierato col potere, con don Abbondio ai danni del povero Renzo, era lecito sperare un rapporto più chiaro tra preti e fedeli. Il posto del terroristico *latinorum* sarebbe stato preso dal confidenziale italiano, lingua di tutti i giorni. Così decretò il Concilio Vaticano secondo. Ma non immaginarono, i padri conciliari, la maliarda tentazione, più forte di quelle di sant'Antonio, portata dal neolinguaggio sociologico, idioma ostrogoto più del latino, il quale almeno suscitava, col suo arcano fascino, onde d'emozione mistica, che coinvolgevano il cuore, scansando i filtri della ragione. I curati di primo canto che si credono aggiornati perché dicono *catechesi* invece di catechismo, e *coscientizzare* invece di non so che cosa, non parlano né alla ragione né al cuore.

Meno irritante, perché sostanzialmente ingenuo, è il parlare per luoghi comuni. Ma egualmente noioso. Se domandiamo a Pierino: come si chiamava Colombo? lui risponde: Cristoforo. D'Annunzio? Gabriele. Verdi? Giuseppe. Se domandiamo a un cronista: com'è la convergenza? lui risponde: ampia. La riflessione? Approfondita. La volontà? Politica. La memoria d'un partito? Storica. L'evasione del detenuto? Rocambolesca. L'inseguimento? Cinematografico. Il meccanismo della scala mobile? Perverso. La giungla? Retributiva. Dato un sostantivo, si sa a priori quale aggettivo lo seguirà. Come il cognome e nome dei personaggi celebri. La regola secondo cui l'aggettivo deve accompagnarsi ad un sostantivo è stata fraintesa nel senso che un determinato aggettivo deve accompagnarsi a un determinato sostantivo. Fanno coppia fissa, senza possibilità di divorzio.

La lingua si è automatizzata come un meccanismo a gettone: s'infila *dialogo* ed esce *costruttivo*, s'infila *intervento* ed esce *tempestivo*, perciò l'attesa è sempre snervante, la fatalità sempre tragica, la truffa sempre colossale, il confronto sempre aperto, il colloquio sempre franco e cordiale. Il vizio non è nuovo, già lo canzonava Giovanni Mosca nel primo numero del «Bertoldo» (14 luglio 1936), dove l'astuto cortigiano così rispondeva alle domande del suo signore: Com'è il funzionario? Solerte e attivo. E il film? L'ultimo capolavoro della stagione. Com'è la fibra dell'illustre infermo? Forte e resistente. E l'operazione? Perfettamente riuscita, ma il paziente è morto per altre ragioni. E la vedova com'è? Angosciata, e ne dà il triste annuncio.

Chi desidera specializzarsi in questo linguaggio, che il linguista Maurizio Dardano chiama «il ridicolese», tenga presente che l'impiegato va in ufficio, il ministro vi si reca. Sul letto di morte l'operaio muore, il cavaliere del lavoro si spegne; il primo viene messo in una cassa da morto, il secondo in un cofano funebre. Nella cronaca nera la polizia indaga, il ladro è latitante, la stradale è sul posto, il questore conduce le indagini personalmente, il pregiudicato si aggira con fare sospetto, la donna strangolata all'Idroscalo di solito aveva una doppia vita. Nelle cronache sindacali, lo sciopero degli altri è sempre selvaggio e corporativo, quello nostro è democratico e responsabile. Non si dimentichi poi l'esistenza di due tipi di piattaforma, l'anteriore e la rivendicativa. Sulla prima è vietato sostare, sulla seconda si può anche discutere.

Non siamo più noi che parliamo; sono i mass media, i persuasori occulti, i propagandisti palesi che parlano in noi. Frasi preconfezionate come cibi precotti. Nella mappa del lessico quotidiano l'Altopiano dei Luoghi Comuni è un ameno posto di villeggiatura, consigliabile a chi intende riposarsi dalle fatiche semantiche, sempre affollato perché facilissimo da raggiungere. È abitato da gente prudente che cammina coi piedi di piombo, non aspetta la manna dal cielo, non rimanda mai gli affari alle calende greche e all'occorrenza è molto coraggiosa, perché non esita a tagliare la testa al toro, o, in via subordinata, a prenderlo per le corna. I più scaltri tengono il piede in due staffe, i rassegnati legano l'asino dove vuole il padrone, dimostrando d'avere la pazienza di Giobbe, e in questa maniera evitano la spada di Damocle dell'incerto domani.

Sani e robusti, hanno uno stomaco di ferro, che digerisce anche i sassi, purtroppo hanno anche loro il tallone d'Achille: essendo nati in montagna, non sanno nuotare, perciò affogano in un bicchier d'acqua. Sono anche molto orgogliosi: se gli pestate un piede, rendono pan per focaccia, e se i forni sono chiusi, danno del filo da torcere, che risale al tempo che Berta filava. Il lavoro è diviso in alacri e bene ordinate categorie, i mugnai tirano l'acqua al loro mulino, i fabbri battono il ferro fin ch'è caldo, i contadini non si danno mai la zappa sui piedi, i farmacisti indorano la pillola. E quando desiderano conoscere come vanno a finire certi grossi scandali, non leggono i giornali, né ascoltano la tv, ma si siedono in riva al fiume e aspettano tranquillamente, perché la verità presto o tardi viene a galla. Si svegliano all'alba, al canto del gallo della Checca, e vanno subito al lavoro, perché le ore del mattino hanno l'oro in bocca. La sera si coricano con le galline, ma dormono poco perché chi dorme non piglia pesci. Prima di chiudere le finestre si danno la buonanotte. «Ci vedremo domani.» A Filippi.

MALVIVENTI O POETI?

Tra i pochi che si salvano dal parlare sciatto, dai luoghi comuni, dalle frasi stereotipe, dagli automatismi della «lingua a gettone» vanno annoverati, chi l'avrebbe mai sospettato?, i malviventi. Essi dispongono d'un vocabolario ricchissimo di geniali traslati e immagini poetiche. Intendiamoci: questo gergo fantasioso l'hanno inventato esclusivamente per fini pratici, parlano in codice perché gli altri non capiscano; non fanno l'arte per l'arte, fanno l'arte per la vita, anzi per la malavita. Però con risultati d'un pregio letterario tanto più apprezzabile quanto meno voluto.

La cassaforte è chiamata *contessa* o *marmotta*, sottolineando nel primo caso il dovizioso contenuto, nel secondo la forma tozza. E siccome dentro vi sta il *morto*, si può chiamarla anche *tomba*. L'evaso scappato dai tetti è un *tintarella di luna*, la ferita da coltello *asola*, la bicicletta *occhiali*, mentre le manette vengono promosse, con ardito traslato risorgimentale, *occhiali di Cavour*. Negli autori di queste voci si cela sicuramente un poeta, sia pure malfattore. In quale carcere languirà quel François Villon da pollaio che definì il vigile notturno *nottola*, per quel continuo spostarsi da un lato all'altro della via, come fa il pipistrello? Perché non si concede un condono «per meriti letterari» al ladro che battezzò il portafogli *quaglia*, immagine palpitante d'una preda succulenta?

Quando Giorgio Gaber all'inizio degli anni Sessanta cantò: «Ma che rogna nera quella sera / qualcuno vede e chiama / veloce arriva la pantera / e lo beve la Madama, / il suo nome era / Cerutti Gino» milioni d'incensurati telespettatori appresero per la prima volta che *Madama* è la polizia, e che esiste un preciso gergo convenzionale dietro il quale nascondono le loro imprese quanti vivono sull'altro versante del codice penale. Parecchi di questi termini hanno avuto fortuna e sono stati poi accolti nel linguaggio corrente nazionale, come bidonista, palo, malloppo. Ma in quello stesso momento hanno perduto il loro carattere esoterico, di messaggio segreto per «addetti ai lavori», di qui la necessità, per i «linguisti della mala», di escogitare in fretta termini sostitutivi, come fanno i servizi segreti quando il loro cifrario cade in mano al controspionaggio.

Il gergo furfantesco attinge le figure alla concreta esperienza quotidiana, sovente in presa diretta con la civiltà arcaico-contadina, che per molti è rimasta la prima e unica matrice culturale. *Canarino* è il delatore (perché canta), *tacchino* il vigile urbano (per il suo incedere pomposo), *lumaca* l'orologio (il tempo in carcere non passa mai), mentre gli anelli d'oro saccheggiati in una gioielleria diventano, per un riflesso della fame ancestrale e la suggestione del colore, *polenta gialla*.

A Palermo salire sul *cornuto* e *suonare l'arpa* vuol dire montare in filobus (corna sono le aste) e borseggiare i passeggeri con l'agile tocco d'un arpista. *Chiacchierone* è il giornale, *chiacchierone sonoro* la radio. Nel Veneto, quando uno si sistema e lascia la «mala», gli ex compari dicono con malcelata invidia *el se ga informagià*, dove il formaggio assurge a simbolo di sfrenata opulenza. Il gergo furfantesco proclama, a modo suo, dei princìpi morali. Il tradimento più nero è quello di chi, interrogato dalla polizia, non sa tenere a freno la *dannosa* (lingua) e fa il *vomito* (confessione). Chi fa il vomito, fa schifo.

Vita dura, la malavita. Un *brighela* (brigadiere) ti arresta, ti carica sul *settebello* (cellulare), la sera dormi sul *biliardo* (tavolaccio), nei primi giorni non puoi vedere nessuno, né la *legale* (moglie) né la *smaniosa* (amante). Se i *cardellini* (figli piccoli) domandano dove sta papà, gli rispondono che è in *collegio* (carcere). Dove c'è il vantaggio di non consumare le *fangose* (scarpe) e per passare il tempo si fabbrica a mano qualche *tisica* (sigaretta). Il gergo della «mala» non può dire pane al pane, perciò lo chiama *maroch*, con riferimento al pane nero (africano, donde Marocco) che si mangiava nelle prigioni d'un tempo.

In questo picaresco e romantico criptolinguaggio metafora e ironia s'impastano con una efficacia tanto più sorprendente, quanto meno sospettabile di artificio letterario. Vi fa capolino anche l'educazione cattolica, con un ilare risvolto d'irriverenza. *Apostolo* si chiama il complice, *calata d'angelo* il furto attraverso il buco nel soffitto, *santino* la foto segnaletica, *sacco di carbone* il prete che rammenta al carcerato la perduta via dell'onestà, *cappotto di legno* la cassa da morto, l'ultimo indumento che indosseremo quando arriverà la *certa*, la morte, l'unica cosa sicura per tutti, incensurati e no.

XX

Il linguaggio della vaselina

Gli esotismi snaturano la lingua, i gerghi enigmistici della politica e della burocrazia la ottenebrano, i luoghi comuni la banalizzano, gli eufemismi la scolorano. Il bidello si chiama «non docente»: bel sistema, questo, d'indicare una persona non per ciò che è, ma per ciò che non è. Non potendo migliorare le condizioni economiche di alcune categorie, si è cercato di nobilitare quelle lessicali, così lo spazzino è diventato netturbino (ma non sarebbe meglio netturbano, in analogia con vigile urbano?), l'infermiere paramedico, la domestica collaboratrice familiare, il facchino portabagagli, il secondino agente di custodia.

Poi una seconda ondata eufemizzante ha promosso i netturbini operatori ecologici, gli agenti di custodia operatori penitenziali, gli accalappiacani operatori professionali d'igiene veterinaria. Prevediamo che tra non molto i sagrestani si faranno chiamare «parapreti», i pastori «agenti di custodia di greggi in transito», i ferrovieri «trasportatori di umanità di prima e seconda classe», i ciabattini «restauratori di antiquariato scarpario». Un commerciante di stracci ha scritto sul biglietto da visita «operatore tessile». Soltanto l'arbitro non beneficia di questa colata di vaselina, mai un tifoso che gli gridi dalle gradinate «figlio d'operatrice sessuale!».

Abbiamo detto nel precedente capitolo che da noi le rivoluzioni sono soltanto lessicali. Che cosa si fa per i ciechi? Poco o nulla. Però li abbiamo chiamati «non vedenti», con una locuzione gelidamente burocratica (beati, in questo caso, i non audienti) e così abbiamo messo a tacere la coscienza. Gli inabili sono stati battezzati «portatori di handicap», definizione grottescamente ambigua, sembra quasi che l'handicap sia portatile, come una valigia, e come una valigia si possa lasciare dove e quando si vuole.

Il fattorino della posta ha mutato la qualifica in operatore d'esercizio. Fattorino, più che un diminutivo, era considerato un diminuente, lesivo della dignità del lavoratore. Si trattasse di fattore, passi, i fattori di campagna stanno bene, hanno latte fresco e polli ruspanti. Ma fattorino è umiliante e paternalistico, mentre su operatore aleggia una indefinibile, signorile prestigiosità, che purtuttavia creerà qualche imbarazzo all'utente. Perché al fattorino che recapita un telegramma si può dare tranquillamente la mancia, ma trattandosi d'un operatore si dovrà, come minimo, mandare un mazzo di rose alla sua signora.

Nel paese del socialismo verbale pochi sono contenti del loro mestiere, molti cercano di cambiarlo, almeno a parole, perciò il rappresentante di medicinali si eleva a informatore scientifico, titolo gratificante che lo presenta come un seguace di Einstein, momentaneamente rassegnato, per necessità familiari, a propagandare sciroppi. Anche il Palazzo sciala col linguaggio dolcificato. Se non abbiamo il coraggio di dire pane al pane e fattorino al fattorino, è naturale che la svalutazione della lira sia attenuata in «riallineamento monetario», e la disoccupazione in «manodopera disponibile». E che i miliardi gettati nel colabrodo delle aziende di stato siano spacciati come «ricapitalizzazione», cullando il cittadino nell'illusione di vivere ancora in un paese capitalista.

L'eufemismo nuoce alla lingua perché le toglie vigore e precisione, snervandola in una flaccida genericità onnicomprensiva. E nuoce nella vita pratica. A forza di non chiamare le cose con il loro nome, finiremo col non riconoscerle più. La mistificazione lessicale genera un'insidiosa mistificazione prima intellettuale, e poi morale. Nella tragedia di Shakespeare, Giulietta dice a Romeo che la rosa, anche se si chiamasse con altro nome, non perderebbe il suo profumo. Ciò vale per i fiori, non per gli uomini. Chiamate il terrorista «rivoluzionario» oppure «com-

207

battente per una nuova società» e agli occhi degli ingenui diventerà quasi simpatico. Lo avevano capito i brigatisti rossi, battezzando le rapine in banca «esproprio proletario» e molti radical-chic gli hanno creduto. Poi si sono pentiti, gli uni e gli altri.

Un settore linguistico dove l'eufemismo si sposa agli enigmi, con risultati penosi, è quello dell'amministrazione scolastica: in particolare, la scheda di valutazione. Era stata introdotta dopo la buriana del Sessantotto per sostituire, mediante giudizi motivati, il tradizionale voto numerico, considerato discriminatorio e financo razzista. La scheda aveva il compito di stemperare il rigore del giudizio di merito in nebulose perifrasi, tenendo presente un principio fondamentale: se lo studente non studia, la colpa è della società che lo distrae con troppe tentazioni; se non capisce, la colpa è degli antenati, dei cromosomi.

Fu severamente vietato usare gli antichi vocaboli «sufficienza» e «insufficienza» e gli insegnanti corsero a consultare il dizionario dei sinonimi. Che cosa si scriverà al loro posto? Abbondanza e penuria? Sazietà e manchevolezza? Copiosità e carenza? La locuzione brusca, ma veritiera «non capisce, non si applica» fu tradotta «soffre di una discrepanza tra capacità intellettiva e ritmi operativi dovuta all'ambiente socioeconomico che emargina i ceti subalterni». Non segue la lezione? Prevalgono in lui interessi extrascolastici. Porta lucertole in classe? Lo attrae l'ecologia. Gioca a briscola col compagno? Dimostra attitudine al lavoro di gruppo. Scrive biglietti osceni alla biondina del primo banco? Possiede un'aggiornata educazione sessuale. Quello che conta è addolcire la verità. Fare come certi medici che, per non spaventare il malato, chiamano raffreddore la bronchite, bronchite la polmonite; se poi l'altro muore, morirà con la convinzione d'essere sano.

Abituate al tradizionale voto espresso in cifre arabe (peccato, era l'unica cosa che gli arabi ci davano gratis), le famiglie meno istruite sono rimaste sconcertate davanti a giudizi così astrusi. Un figlio «carente in matematica» merita uno schiaffo o un motorino? Non è una battuta. Lo scorso inverno, a Settimo San Pietro, in provincia di Cagliari, un padre all'antica ha preso a sberle, sberle con andata e ritorno, la figlia alunna di terza media, avendo letto sulla scheda di valutazione «ragazza introversa». Credeva che volesse dire «poco seria».

SOMMARIO

Finito di stampare nel mese di dicembre 1989
dalla RCS Rizzoli Libri S.p.A. - Via A. Scarsellini, 17 - 20161 Milano

Printed in Italy

BUR
Periodico settimanale: 31 gennaio 1990
Direttore responsabile: Evaldo Violo
Registr. Trib. di Milano n. 68 del 1°-3-74
Spedizione abbonamento postale TR edit.
Aut. n. 51804 del 30-7-46 della Direzione PP.TT. di Milano

NELLA STESSA COLLANA

NELLA STESSA COLLANA